PROFISSÃO ADVOGADO

primeiros passos

Sidney Carneiro Ferraz

Rua Clara Vendramin, 58 . Mossunguê . Cep 81200-170 . Curitiba . PR . Brasil
Fone: (41) 2106-4170 . www.intersaberes.com . editora@intersaberes.com

Conselho editorial Dr. Alexandre Coutinho Pagliarini, Drª Elena Godoy, Dr. Neri dos Santos, Dr. Ulf Gregor Baranow ▪ **Editora-chefe** Lindsay Azambuja ▪ **Gerente editorial** Ariadne Nunes Wenger ▪ **Assistente editorial** Daniela Viroli Pereira Pinto ▪ **Preparação de originais** Fabrícia E. de Souza ▪ **Edição de texto** Mille Foglie Soluções Editoriais Monique Francis Fagundes Gonçalves ▪ **Capa** Luana Machado Amaro ▪ **Projeto gráfico** Mayra Yoshizawa ▪ **Diagramação e *designer* responsável** Luana Machado Amaro ▪ **Iconografia** Regina Claudia Cruz Prestes

Dados Internacionais de Catalogação na Publicação (CIP)
(Câmara Brasileira do Livro, SP, Brasil)

Ferraz, Sidney Carneiro
  Profissão advogado: primeiros passos/Sidney Carneiro Ferraz. Curitiba: InterSaberes, 2022. (Série Estudos Jurídicos: Teoria do Direito e Formação Profissional).

  Bibliografia.
  ISBN 978-65-5517-242-3

  1. Advogados – Orientação profissional I. Título. II. Série.

22-99369   CDU-347.965

Índices para catálogo sistemático:
1. Advogados: Sucesso na carreira profissional 347.965
Eliete Marques da Silva – Bibliotecária – CRB-8/9380

1ª edição, 2022.

Foi feito o depósito legal.

Informamos que é de inteira responsabilidade do autor a emissão de conceitos.

Nenhuma parte desta publicação poderá ser reproduzida por qualquer meio ou forma sem a prévia autorização da Editora InterSaberes.

A violação dos direitos autorais é crime estabelecido na Lei n. 9.610/1998 e punido pelo art. 184 do Código Penal.

Sumário

9 ▪ Dedicatória
13 ▪ Agradecimentos
15 ▪ Apresentação

Capítulo 1
19 ▪ **Profissão advogado**
21 | Ordem dos Advogados do Brasil (OAB)
25 | Exame da Ordem
43 | Virtudes do advogado
50 | É certo: gentileza gera gentileza
52 | Organização e postura do advogado

Capítulo 2
59 ▪ **Práticas vedadas ao advogado**
63 | Atos impraticáveis pelo advogado
66 | Tecnologias da informação e benefícios para a advocacia
71 | Posturas permitidas
aos advogados nas redes sociais
73 | Limites da propaganda na advocacia
84 | Atendimento: atitudes para conquistar um cliente em potencial

Capítulo 3
95 ▪ Honorários advocatícios
99 | Legalidade da cobrança dos honorários advocatícios e caracterização como verba alimentar
110 | Princípios contratuais
126 | Honorários de sucumbência
135 | Honorários contratuais
148 | Honorários arbitrados ao defensor dativo
165 | Assistência judiciária e justiça gratuita

Capítulo 4
185 ▪ Titularidades dos advogados
186 | Advogado autônomo
188 | Sociedade de advogados
192 | Advogado empregado
195 | Advogado público

Capítulo 5
203 ▪ Situações especiais
204 | Inexigibilidade de licitação para contratação dos serviços de advocacia
208 | Procuração outorgada ao advogado
219 | Falecimento do cliente e/ou do advogado no curso do processo

Capítulo 6
227 ▪ Modelos de documentos para a atividade advocatícia
228 | Procurações
230 | Declaração de hipossuficiência (declaração de pobreza)
231 | Notificação extrajudicial de renúncia
233 | Petição de renúncia para protocolar no processo
234 | Notificação extrajudicial de revogação
235 | Substabelecimento com e sem reservas de poderes
236 | Contrato de honorários advocatícios

245 ▪ *Considerações finais*
249 ▪ *Referências*
267 ▪ *Sobre o autor*

Dedicatória

Esta obra foi produzida durante a pandemia de Covid-19, momento de sofrimento para muitas famílias brasileiras. Por isso, dedico esta obra a amigos, amigas, pais, mães, filhos, tios, avós, esposos, namorados, namoradas que perderam seus entes queridos, que sequer puderam se despedir com dignidade das pessoas amadas, que foram obrigados a sepultar seus entes queridos sem ter o direito de velá-los. A todas as almas que fizeram a passagem de forma prematura. A todas as pessoas que foram pegas de surpresa por esse vírus avassalador. Muitos perderam a chance de alcançar a plenitude da vida, de conquistar seus objetivos, de realizar seus sonhos, de ver seus filhos crescerem.

Essa é a minha singela homenagem: que a luz divina esteja presente em suas vidas!

Também dedico este trabalho à memória do meu eterno professor António Manoel Hespanha, mestre e amigo, companheiro das lutas sociais pelo mundo.

A minha amada e doce esposa, Edilmara, companheira de vida e de luta, agradeço por me acompanhar em todos os momentos. Dedico meu trabalho a minha filha Renata, apaixonada pelos animais, dedicada aos estudos, aos afazeres diários, além de ser minha companheira de pescaria; a minha filha Fernanda, feminista ativa, combativa, companheira de trabalho, que a cada dia está buscando se tornar uma excelente profissional do direito. Companheiras de luta e de resistência, saibam que vocês me dão alegria e muita motivação para seguir em frente com meus objetivos. Amo vocês.

Este livro também é dedicado a meus queridos irmãos, Sérgio, José Maria, Daniel, Maria Lúcia, Terezinha e, em especial, a meu irmão Edson Ferraz, um segundo pai, e a minha irmã Otília Ferraz, uma segunda mãe. Agradeço imensamente o carinho de todos vocês.

Dedico esta obra a meu amigo-irmão André Peixoto de Souza ("Ferraz"), que, com a esposa, Aline, e os filhos, Duda e Rafa, passaram a fazer parte da minha família e são um verdadeiro presente de Deus em minha vida. Obrigado pela irmandade e amizade.

Este trabalho ainda é dedicado aos companheiros "mosqueteiros" Alexandre Rino, André, Alex Gaúcho, Cleiton e Endrigo, que fazem valer na prática o dito "um por todos, todos por um".

Dedico esta obra à memória de meus pais, João e Nina!

Amo todos vocês!

Agradecimentos

A Deus, por me dar saúde em um momento tão difícil para a vida de todos no planeta, dando a paz e a sabedoria para poder concluir esta obra durante a mais devastadora pandemia mundial, de Covid-19.

> "Agradeço a meu Deus toda vez que me lembro de vocês." (Bíblia. Filipenses, 1: 3)

Ao nobre professor Boaventura de Souza Santos, pela humildade com que trata seus leitores, pela luta voltada à sociologia do direito, à epistemologia, à globalização, à democracia e aos direitos humanos. Agradeço por seus brilhantes textos, pelo incentivo nas mensagens que trocamos durante o meu período de Academia e pela simplicidade nos breves encontros que tivemos no Fórum Social de Dakar, no Senegal, e de Túnis, na Tunísia.

A meu parceiro de trabalhos e pesquisas acadêmicas André Peixoto de Souza, companheiro de lutas sociais, responsável por impulsionar minha vida acadêmica, sempre me lembrando de que um novo mundo é possível e que a educação transforma o ser humano e a sociedade. A você, meu amigo-irmão, meus sinceros agradecimentos!

À professora Edilmara Silva, pessoa dedicada e zelosa, pelo auxílio na elaboração e confecção deste trabalho.

A meu amigo Crispino Campozano Calixto, companheiro de luta, pessoa dedicada, pai, irmão, sogro e marido zeloso, trabalhador, parceiro de sonhos e realizações.

Por fim, a meu caro amigo Rogério Hetmanek, com esposa, filhas, filhos e netos – uma família linda –, grande filósofo, que sempre me faz refletir e pensar sobre o que é verdade e mentira:

> A mentira é simplesmente o lado falso da verdade, em oposição ao seu lado verdadeiro". Isso porque, quando se comprova que alguém está mentindo, quando realmente está, faz o uso da "verdade" para identificar a mentira dentro dela. Essa constatação revela que tudo existe dentro da verdade. (Hetmanek, 2019, p. 5)

Apresentação

Iniciamos esta apresentação advertindo que não temos a intenção de esgotar qualquer tema neste trabalho. Nosso propósito é fazer deste material fonte de pesquisa para que você, leitor, amplie sua busca pelo conhecimento jurídico, principalmente no que diz respeito à formação do advogado e à prática diária do profissional do direito. Nosso intuito é fazer uma abordagem simples, de leitura fácil e didática.

No primeiro capítulo, apresentaremos a entidade que defende os interesses da classe. Passaremos pela formação acadêmica, pela conquista do registro na Ordem dos Advogados do Brasil (OAB), pelas dificuldades que o profissional do direito enfrenta após conquistar a habilitação (carteira) de advogado. Comentaremos, ainda, as virtudes do advogado, a importância da gentileza e da boa educação, e a necessidade da organização e da boa postura.

No segundo capítulo, citaremos alguns exemplos de como a tecnologia pode ajudar o profissional do direito. Mencionaremos as posturas permitidas aos advogados em redes sociais e os limites da propaganda na advocacia. Também abordaremos a questão do primeiro atendimento e como buscar clientes.

No terceiro capítulo, trataremos dos honorários advocatícios, uma das questões mais complexas para o advogados, a qual deve ser resolvida com sabedoria, transparência e princípios. Esclareceremos como é a legalidade da cobrança dos honorários advocatícios e sua caracterização como verba alimentar, além dos princípios contratuais que incidem nos contratos de honorários advocatícios.

Listaremos, ainda, os tipos de honorários advocatícios: sucumbenciais, contratuais e arbitrados. Ao final do capítulo, falaremos da assistência judiciária e do benefício da justiça gratuita.

No quarto capítulo, demonstraremos que o profissional do direito pode atuar de diversas formas, como advogado autônomo, em sociedade de advogados, como funcionário, como advogado público e como defensor público.

No quinto capítulo, discorreremos sobre algumas situações especiais do dia a dia profissional do advogado, como a inexigibilidade de licitação para a contratação do serviço de advocacia.

Mencionaremos a possibilidade de revogação, renúncia e substabelecimento do mandato (procuração). Ao final do capítulo, versaremos sobre os procedimentos quando ocorre a morte do advogado ou do cliente. O que acontece com o processo? Quais são as consequências?

No sexto e último capítulo, apresentaremos alguns modelos de documentos mais recorrentes: alguns tipos de procuração, declaração de hipossuficiência, notificação de renúncia, petição de renúncia, substabelecimento com e sem reservas de poderes, contrato de prestação de serviços de honorários advocatícios para pessoa física e jurídica.

Tenha uma ótima leitura!

Capítulo 1

Profissão advogado

Muitos estudantes de direito já entram na academia inseridos no dia a dia do meio jurídico, alguns como estagiários em escritórios advocatícios, outros em delegacias, fóruns, tribunais etc. Muitos desses alunos já nasceram em famílias nas quais pais, irmãos, tios, avós são graduados em direito e exercem a profissão de advogados, juízes, promotores, desembargadores etc. No entanto, outra grande parcela dos acadêmicos só terá o primeiro contato com o mundo do direito no escritório de prática jurídica da própria faculdade; outros, ainda, somente após efetivamente concluírem o curso de Direito.

Nesse contexto, a abordagem que desenvolvemos nesta obra tem o intuito de atender tanto àqueles que já tiveram contato com a prática do direito quanto àqueles que ainda não conhecem essa prática. Para isso, abordaremos temas do dia a dia do advogado de forma clara, direta e simples.

Conheceremos, por exemplo, a finalidade e a organização da Ordem dos Advogados do Brasil (OAB), analisaremos seu exame e a conquista da carteirinha da OAB, além das virtudes do advogado, da cobrança de honorários, dos contratos de honorários e dos honorários advocatícios.

Hoje, no Brasil, existem mais de 1.200 cursos de Direito, com mais de 800 mil estudantes matriculados. O Ministério da Educação e Cultura (MEC) e a OAB vêm, desde 2013, fazendo uma reavaliação dos cursos de Direito no país, exigindo a prática jurídica na graduação e currículos compatíveis com a qualidade que um curso de Direito deve ter (Filizola, 2013).

Muitas das instituições de ensino Brasil afora deixam a desejar na qualidade de ensino, o que resulta em péssima qualidade técnica, não atendendo sem mesmo aos requisitos básicos exigidos pelo MEC para funcionamento. Essas instituições colocam no mercado, todos os anos, milhares de bacharéis em Direito – é importante frisarmos que ter o diploma não significa ter uma boa formação acadêmica.

— 1.1 —
Ordem dos Advogados do Brasil (OAB)

Os advogados integram uma categoria de trabalhadores representada pela Ordem dos Advogados do Brasil, a OAB. A finalidade e a organização da OAB estão definidas no Capítulo I do Título II da Lei n. 8.906, de 4 de julho de 1994 (Brasil, 1994b), também conhecida como *Estatuto da Advocacia e a Ordem dos Advogados do Brasil*.

O art. 44 da referida lei dispõe que

> Art. 44. A Ordem dos Advogados do Brasil (OAB), serviço público, dotada de personalidade jurídica e forma federativa, tem por finalidade:
>
> I – defender a Constituição, a ordem jurídica do Estado democrático de direito, os direitos humanos, a justiça social, e pugnar pela boa aplicação das leis, pela rápida administração da justiça e pelo aperfeiçoamento da cultura e das instituições jurídicas;

II – promover, com exclusividade, a representação, a defesa, a seleção e a disciplina dos advogados em toda a República Federativa do Brasil.

§ 1º A OAB não mantém com órgãos da Administração Pública qualquer vínculo funcional ou hierárquico.

§ 2º O uso da sigla OAB é privativo da Ordem dos Advogados do Brasil. (Brasil, 1994b)

Portanto, à OAB cumprem a defesa da ordem jurídica e do Estado Democrático de Direito, a garantia da aplicação da lei para proteger toda a sociedade, a busca da celeridade e o aperfeiçoamento do processo e das instituições judiciárias.

Tal dispositivo garante ao advogado a total defesa no exercício da profissão, no intuito de disciplinar a atividade em todo o país.

Fica evidenciado que a OAB é totalmente independente, não tendo qualquer vínculo com a Administração Pública e não se submetendo à ordem hierárquica desta. Logo, tem liberdade total para defender os interesses da classe e da sociedade.

Conforme dispõe o art. 45 da mesma lei:

Art. 45. São órgãos da OAB:

I – o Conselho Federal;

II – os Conselhos Seccionais;

III – as Subseções;

IV – as Caixas de Assistência dos Advogados.

§ 1º O Conselho Federal, dotado de personalidade jurídica própria, com sede na capital da República, é o órgão supremo da OAB.

§ 2º Os Conselhos Seccionais, dotados de personalidade jurídica própria, têm jurisdição sobre os respectivos territórios dos Estados-membros, do Distrito Federal e dos Territórios.

§ 3º As Subseções são partes autônomas do Conselho Seccional, na forma desta lei e de seu ato constitutivo.

§ 4º As Caixas de Assistência dos Advogados, dotadas de personalidade jurídica própria, são criadas pelos Conselhos Seccionais, quando estes contarem com mais de mil e quinhentos inscritos.

O Conselho Federal tem sede em Brasília, os conselhos seccionais estão localizados em cada estado brasileiro, as subseções, nos municípios. As caixas de assistência dos advogados, como o nome prenuncia, dão apoio ao trabalho do advogado, inclusive no plano de aposentadoria privada da própria instituição.

É importante saber que a OAB goza de imunidade tributária total, conforme preconiza parágrafo 5º do art. citado.

Segundo o art. 46 da lei ora em foco, a OAB tem a competência para fixar e cobrar de seus inscritos contribuições, taxas, serviços e multas, por exemplo, anuidade e multas decorrentes de inflações éticas, entre outras. O art. 47 preconiza que a cobrança da contribuição anual dispensa os inscritos do pagamento da contribuição sindical obrigatória, o que indica que a OAB é a entidade que defende os interesses trabalhistas da categoria.

Para ingressar nos quadros da OAB, o bacharel em Direito precisa fazer o Exame da Ordem. O Estatuto da OAB descreve os requisitos necessários para a inscrição no quadro de advogados. O art. 8º da lei assim dispõe:

> Art. 8º Para inscrição como advogado é necessário:
>
> I – capacidade civil;
>
> II – diploma ou certidão de graduação em direito, obtido em instituição de ensino oficialmente autorizada e credenciada;
>
> III – título de eleitor e quitação do serviço militar, se brasileiro;
>
> IV – aprovação em Exame de Ordem;
>
> V – não exercer atividade incompatível com a advocacia;
>
> VI – idoneidade moral;
>
> VII – prestar compromisso perante o conselho.
>
> § 1º O Exame da Ordem é regulamentado em provimento do Conselho Federal da OAB.
>
> § 2º O estrangeiro ou brasileiro, quando não graduado em direito no Brasil, deve fazer prova do título de graduação, obtido em instituição estrangeira, devidamente revalidado, além de atender aos demais requisitos previstos neste art.
>
> § 3º A inidoneidade moral, suscitada por qualquer pessoa, deve ser declarada mediante decisão que obtenha no mínimo dois terços dos votos de todos os membros do conselho competente, em procedimento que observe os termos do processo disciplinar.

§ 4º Não atende ao requisito de idoneidade moral aquele que tiver sido condenado por crime infamante, salvo reabilitação judicial.

Como informamos a aprovação no Exame da Ordem é obrigatória para o exercício da profissão de advogado. Logo, mesmo sendo bacharel em Direito, para se tornar um advogado e exercer a profissão é preciso passar pelo processo de avaliação do Exame da Ordem. Nesse ponto, você pode estar se perguntando: Por que existe esse exame? A pessoa estudo cinco anos na faculdade e ainda tem que fazer uma prova para exercer a profissão de advogado? O exame é recente?

Para respondermos a algumas dessas indagações, na próxima seção trataremos do Exame da Ordem e comporemos um breve histórico, além de abordarmos alguns problemas da contemporaneidade.

— 1.2 —
Exame da Ordem

Com foco na qualidade dos profissionais de direito, a OAB, desde a aprovação do seu primeiro estatuto, em 1963 (Lei n. 4.215, de 27 de abril de 1963 – Brasil, 1963), já previa a realização do Exame da Ordem. No entanto, o primeiro exame foi aplicado em 1971, apenas no Estado de São Paulo.

Inicialmente, o exame era realizado em duas etapas, a primeira com a produção de uma prova jurídica na área escolhida pelo candidato; na etapa final, o candidato era submetido a uma banca composta de três advogados que, de forma oral, realizavam uma prova de conhecimentos sobre um assunto sorteado pela banca no momento do exame. Naquela época, o exame era facultativo, pois todos os alunos que realizavam o estágio durante a graduação eram dispensados do exame.

Com o aumento do número de cursos no Brasil, para controlar a qualidade dos profissionais do direito, em 1994 o Exame da Ordem passou a ser requisito obrigatório para obtenção do registro profissional. Os exames passaram a acontecer em duas fases, uma prova objetiva de conhecimentos gerais e uma prova discursiva de conhecimento específico da área escolhida pelo candidato – nessa fase, o candidato desenvolve uma petição (peça processual) da área escolhida.

O Exame da Ordem tem o condão de evitar que bacharéis em Direito formados em instituições de baixa qualidade técnica possam entrar no mercado de trabalho para advogar. É importante ressaltar que os advogados são profissionais que detêm grande responsabilidade social, já que tratam de várias questões do cotidiano do cidadão, entre elas, aquelas ligadas à saúde, à liberdade, à economia e, principalmente, à proteção da vida. Nesse contexto, o advogado tem o dever de exercer sua função social com conhecimento técnico, competência, ética e responsabilidade.

Assim, o Exame da Ordem serve para controle dos profissionais que entrarão no mercado de trabalho, evitando que aqueles com má qualificação prejudiquem a vida do cidadão e desonrem a instituição profissional. Nesse mesmo sentido,

> a aprovação no Exame de Ordem é condição necessária à admissão do estudante ou bacharel em Direito no quadro de advogados da OAB. No cumprimento da legislação em condições de isonomia, flexibilidade, proporcionalidade e adequação às exigências do mercado em termos de qualificação profissional, a elaboração e a aplicação do exame se valem da necessária autonomia didática, tanto por parte dos professores quanto dos examinadores que compõem as bancas da OAB e da FGV, responsáveis pela produção das questões, aplicação da prova e divulgação dos resultados. (OAB, 2022, p. 19)

Hoje, como citado, o Exame da Ordem é desenvolvido e aplicado pela Fundação Getúlio Vargas (FGV), a qual tem autonomia na produção das questões, na aplicação da prova e na divulgação dos resultados.

Nos exames aplicados nos últimos anos, foram verificados baixos índices de aprovação. No Exame n. 30, de 2019/2020, foram 122 mil candidatos inscritos – destes, 35.439 foram aprovados na primeira fase e 19.343 na repescagem. Logo, passaram para a segunda fase 54.782 pessoas, das quais somente 21.866 foram aprovadas no Exame da Ordem, ou seja, o índice de aprovação foi de 17,92% (OAB, 2020).

Entretanto, analisando estatísticas das edições de número II a XXIX do Exame Unificado, houve 3.555.972 candidatos inscritos, média aproximada de 127 mil por edição, 380.997 candidatos por ano. Destes, 660.298 foram aprovados, ou seja, 61,26% dos candidatos. A estatística ainda revela a seguinte informação: "no total de edições analisadas, a média foi de 3,29 inscrições por examinado, levando à conclusão de que, **a cada edição, somente 30% dos participantes da primeira fase estão fazendo a prova pela primeira vez**" (Torques, 2019, grifos do original). A mesma estatística ainda sugere que: "o percentual vai caindo a cada novo grupo de estudantes que se formam precisando de mais tentativas, chegando a **45%** dentre os que prestam o Exame *mais de seis vezes*" (Torques, 2019, grifos do original).

Na edição XXXI (2020-2021), ocorreu um Exame da Ordem histórico, o mais longo já realizado no Brasil. Com a pandemia de Covid-19, o exame foi suspenso por vários meses nesse período. A primeira fase foi aplicada em 9 de fevereiro de 2020, e a última fase, em 6 de dezembro de 2020, com o resultado divulgado em 26 de janeiro de 2021. O que se viu foi a maior abstenção de todos os tempos: 30% dos candidatos. De 130 mil candidatos inscritos, apenas 22.634 foram aprovados, ou seja, 17,41%; a reprovação também foi recorde e chegou ao surpreendente número de 82,59% (Gieseler, 2021).

A edição XXXII também foi realizada durante a pandemia de Covid-19. A primeira fase aconteceu em 13 de junho de 2021;

a segunda fase, em 8 de agosto de 2021. Acredita-se que a média de aprovação final ficou entre 19% e 20%[1]. Entretanto, pelas estatísticas extraoficiais, 146.524 alunos reprovaram no exame, ou seja, 73,27% (Valença, 2021).

Foi o exame mais questionado dos últimos 32 anos. A polêmica esteve relacionada ao fato de este ter sido considerado o exame mais difícil, além de conter questões malformuladas – cinco questões foram anuladas, 6% do total da prova. Tal situação afronta o direito dos candidatos de terem uma avaliação imparcial, pois erros assim prejudicam o desempenho, induzem a pessoa ao erro e aprovam candidatos que não teriam condições de serem aprovados.

Dessa situação, espera-se que a FGV passe a tomar mais cuidados com relação ao Exame da Ordem. É importante salientar que o exame não pode servir como fonte de renda para a instituição nem como instrumento para administrar a quantidade de advogados no mercado de trabalho brasileiro. A prova deve ter um único intuito: verificar se o examinado está apto a advogar.

O Exame da Ordem depende exclusivamente do candidato, ou seja, ele não concorre com mais ninguém além de si mesmo. Somente o conhecimento técnico de qualidade e o árduo estudo levam a pessoa a atingir os requisitos necessários para ser aprovada no exame. Ao ser aprovado, o candidato é convidado pela OAB que representa sua cidade a participar da cerimônia de

---

1 Até o fechamento da edição deste livro, a OAB não havia publicado as estatísticas oficiais da edição XXXII do Exame da Ordem.

juramento e de entrega de certificado e carteirinha da OAB. Desse modo, passa a ter um número de registro profissional, tornando-se um advogado.

Curiosidade

Como acontece o Exame da Ordem

A primeira fase do exame contém 80 questões objetivas, com conteúdo de múltiplas áreas do direito: direito penal, direito civil, processo penal, processo civil, direito tributário, direito do trabalho, direito do consumidor, direito constitucional, ética, filosofia etc. Para seguir para a segunda fase, o candidato tem de acertar no mínimo 40 questões. Caso não passe para a segunda fase, o candidato pode refazer a prova no exame subsequente (repescagem). Em sendo reprovado na repescagem, deve iniciar o exame novamente.

A segunda fase do exame contempla uma prova de prática forense, quando o candidato tem de confeccionar uma peça (petição) na área escolhida por ele. Além disso, ele deve responder a quatro questões subjetivas. A petição vale 5 pontos e cada questão vale 1,25 ponto, totalizando 10 pontos para a segunda fase. Nessa fase, o candidato deve atingir a nota mínima de 6 pontos.

O tempo para realização das provas nas duas etapas é de 5 horas.

— 1.2.1 —
Após a aprovação no Exame da Ordem

Depois de fazer o juramento e receber a carteirinha da OAB com o devido registro profissional, o advogado iniciante tem autorização para advogar em todo o território nacional.

Nesse momento, surge o primeiro questionamento sobre a profissão: E agora, o que faço? Como faço?

Figura 1.1 – Carteira profissional de advogado

Nesse momento, é importante ter muita calma e sabedoria, pois, até o momento, a grande parte do conhecimento conquistado é apenas teórico. Afinal, o pouco conhecimento de prática jurídica adquirido é proveniente dos estágios acadêmicos e dos conhecimentos práticos básicos colhidos nos escritórios de prática jurídica da faculdade ou universidade.

É fato que alguns advogados iniciantes tiveram a oportunidade de ter em casa brilhantes profissionais do direito, como um pai advogado, juiz, promotor etc. Certamente, esses conhecimentos passados de pai para filho sempre são bem-vindos. Todavia, essa não é a realidade da grande parcela dos advogados que estão começando sua carreira.

Além disso, é importante salientar que não é porque o familiar tem conhecimento jurídico que esse conhecimento passará como herança para o novo advogado como que por osmose. A experiência profissional de uma pessoa não necessariamente é passada para a outra. É preciso ter vivência e desenvolver as próprias habilidades.

Nesse contexto, resta evidente que o conhecimento jurídico é, sim, um dos principais quesitos para o sucesso na vida profissional de um advogado.

No entanto, além disso, Müssnich (2019, p. 21) afirma que "ser advogado é, sobretudo, lidar com pessoas, conquistá-las e interagir com elas sempre de maneira construtiva e favorável. É preciso ter inteligência emocional, saber a hora de apartar a briga e a hora de mergulhar nela". O autor acrescenta que "o sucesso do advogado depende da habilidade de entender o que leva as pessoas a agir dessa ou daquela maneira. A capacidade de desenhar estratégias e antever as do adversário é um trunfo que diferencia os profissionais do Direito".

O advogado é o agente que movimenta o Estado por meio de petições, pareceres, contratos de negócios jurídicos, análises jurídicas, teses de defesa e acusação etc. Por isso, é imprescindível praticar sempre o direito, já que é uma ciência em mutação constante. O advogado deve estudar continuamente cada vez mais, e as disciplinas se intercalam. Cada atitude tomada pelo profissional tem o poder de conduzir, alterar e transformar uma vida.

Curiosidade

Por que o advogado é chamado de doutor?

Durante a vida profissional, o advogado desenvolve teses defensivas e acusatórias, e esse é um dos motivos para ser chamado de *doutor*, mesmo sem o título acadêmico, fato que já ocorre há milhares de anos.

Talvez você esteja pensando: há milhares de anos? Sim, assim eram chamados os *doutores da lei* mais de dois mil anos atrás.

Durante o Império brasileiro, o título de doutor foi concedido por respeito à tradição por D. Pedro I. O título pela tradição foi mencionado no Estatuto da Criação dos Cursos de Ciências Jurídicas e Sociais, na Lei do Império de 11 de agosto de 1827, que dispõe sobre o título (grau) de doutor para o advogado atuante em terras brasileiras (Brasil, 1825).

A referida lei teve origem legislativa no Alvará Régio, editado por D. Maria I, a Pia (A Pia Louca), de Portugal, que outorgou aos bacharéis em Direito o exercício da profissão de advogado e o título de doutor.

O título de *doutor* foi concedido aos advogados por meio do Decreto de 1º de agosto de 1825, por Dom Pedro I, e ainda do Decreto n. 17.874, de 9 de agosto de 1827, que definiu o feriado de 11 de agosto de 1827 para comemorar a criação dos cursos jurídicos no Brasil (Brasil, 1885).

Figura 1.2 – Coleção das leis do Império brasileiro de 1827, publicada em 1878

Fonte: Brasil, 1878.

Figura 1.3 – Sumário das leis do Império brasileiro de 1827

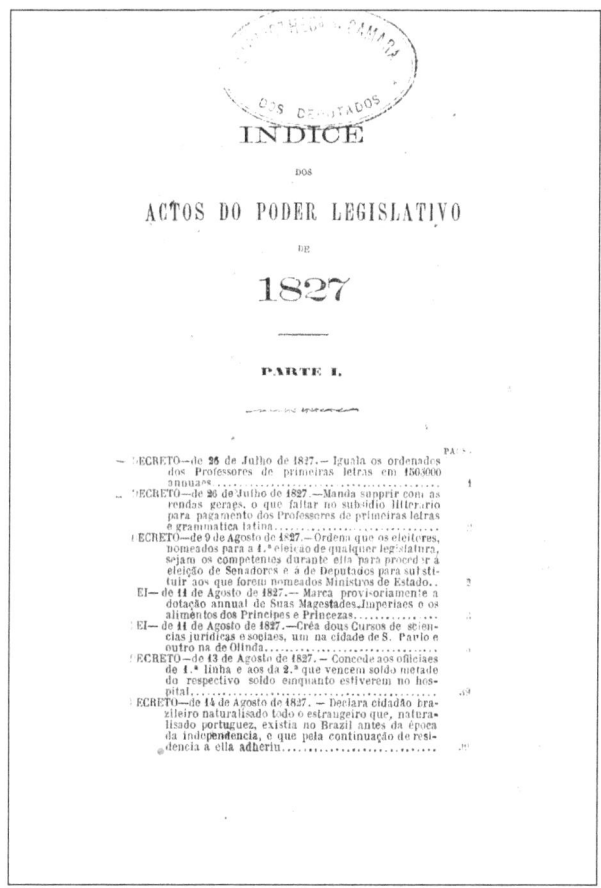

Fonte: Brasil, 1878.

As imagens anteriores são cópias das originais da Coleção das Leis do Império do Brasil de 1827, reproduzidas pelo Arquivo Nacional em 1878. Seria um *vade-mécum* dos dias atuais, nas devidas proporções. Tal coleção faz parte da história do direito no país.

O mais impressionante é que, mesmo tendo se passado 194 anos, os decretos não foram revogados até a presente data, nem com a criação do Estatuto da OAB. Esse estatuto não dispõe, em nenhum momento, sobre a revogação expressa, tampouco sobre a revogação tácita do título imperial de *doutor* para os advogados atuantes em solo brasileiro.

Muitas são as discussões sobre o tema. No entanto, em meu ponto de vista, foi Cardella (citado por Arruda, 2017, grifos nossos e do original) quem melhor justificou o título de *doutor* ao advogado:

> Por insistência de colegas, publicamos nesta Tribuna do Advogado, um despretensioso art., elaborado há 12 anos, e que foi publicado pela imprensa e algumas revistas, **causando certa polêmica entre outros profissionais liberais, principalmente entre médicos, que sistematicamente se intitulam "doutores", quando na verdade o uso da honraria pertence por direito e também por tradição, aos Advogados, salvo raras exceções.**
>
> **Comecemos pela tradição**, que é também fonte de Direito, para demonstrar que a verdade está a nosso lado sem querer ferir suscetibilidades dos outros colegas liberais, mas com o intuito de reivindicar aquilo que nos pertence e que nos vem sendo usurpado por "usucapião, através de posse violenta", no dizer de um saudoso companheiro.

Embora fôssemos encontrar o registro da palavra DOUTOR em um cânon do ano 390 citado por MARCEL ANCYRAN, editado no Concílio de Sarragosse, pelo qual se proibia declinar essa qualidade sem permissão (Code de L'Humanité, ed, 1778 – Verdon – Biblioteca OAB-Campinas), **o certo é que somente se outorgou pela primeira vez esse título aos filósofos – DOCTORES SAPIENTIAE – e aqueles que promoviam conferências públicas sobre temas filosóficos, assim também eram chamados DOUTORES, os advogados e juristas aos quais se atribuía o JUS RESPONDENDI.**

Logo, o título de *doutor* aos advogados é uma honraria legítima e originária, que remonta os decretos citados. Tal denominação é mencionada nas palavras da Bíblia Sagrada, em Lucas 10: 25-27 (grifo nosso):

> E eis que se levantou um certo **doutor da lei**, tentando-o, e dizendo: Mestre, que farei para herdar a vida eterna?
>
> E ele lhe disse: Que está escrito na lei? Como lês?
>
> E, respondendo ele, disse: Amarás ao Senhor teu Deus de todo o teu coração, e de toda a tua alma, e de todas as tuas forças, e de todo o teu entendimento, e ao teu próximo como a ti mesmo.

Assim, para ser um doutor advogado e honrar tal título que remonta os tempos, o advogado deverá ter conhecimentos jurídicos notáveis e reputação ilibada. Deve honrar sua profissão com honestidade, ética e moral. E principalmente amar o que faz, pois, sem amor, não conseguirá atender a função social da profissão, a qual necessita de sensibilidade e muita humanidade.

Curiosidade
As primeiras faculdades de Direito no Brasil

As primeiras faculdades de Direito no Brasil foram abrigadas nas cidades de São Paulo e Olinda, escolhidas para facilitar o acesso dos habitantes, já que uma atenderia o Sul do país e a outra, o Norte.

> Dom Pedro Primeiro, por Graça de Deus e unânime aclamação dos povos, **Imperador Constitucional e Defensor Perpétuo do Brasil**: Fazemos saber a todos os nossos súditos que a Assembléia Geral decretou, e nós queremos a Lei seguinte:
>
> Art. 1º. Criar-se-ão dois Cursos de ciências jurídicas e sociais, um na cidade de S. Paulo, e outro na de Olinda, e neles no espaço de cinco anos, e em nove cadeiras, se ensinarão as matérias seguintes: [...]
>
> (Brasil, 1825, grifo do original)

Figura 1.4 – Faculdade de Direito de São Paulo

FACULDADE de Direito. São Paulo, SP: [s.n.], [192-]. 1 cartão-postal, colotipia, p&b, 9 × 14 cm. Disponível em: http://objdigital.bn.br/objdigital2/acervo_digital/div_iconografia/icon1462438/icon1462438.jpg. Acesso em: 13 dez. 2021.

Figura 1.5 – Faculdade de Direito de Olinda

Acervo Fundação Joaquim Nabuco – Ministério da Educação – Brasil

No arquivo da Faculdade de Direito de Recife, há uma reprodução fotostática do decreto que criou os cursos jurídicos de Olinda e São Paulo. É muito interessante saber que parte de nossa história está preservada. Observe:

Figura 1.6 – Fotostática do decreto que criou os primeiros cursos jurídicos no Brasil

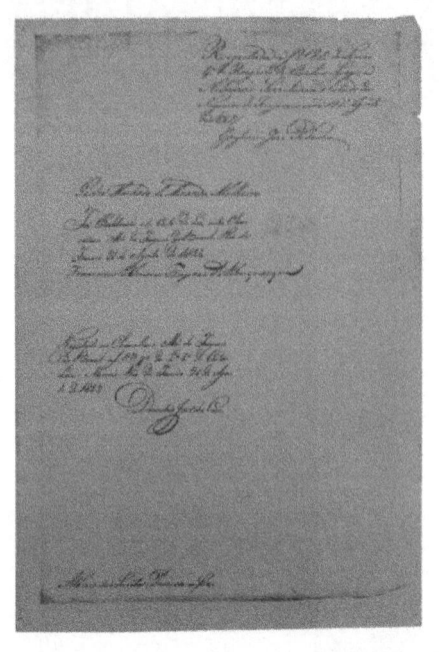

Documento. Decreto dos Cursos Jurídicos de Olinda e São Paulo.
Arquivo da Faculdade de Direito do Recife.

No mesmo arquivo, ainda é possível consultar um documento da Assembleia Geral dirigido ao imperador – o decreto de criação dos cursos jurídicos no Brasil, datado de 10 de junho de 1827. Além deste, há o documento com o Decreto da Assembleia

Legislativa do Império de 11 de agosto de 1827, que determina a criação, nas cidades de São Paulo e Olinda, dos cursos de ciências jurídicas e sociais humanas, com duração de cinco anos e nove matérias, dirigido por nove lentes proprietários e cinco substitutos (UFPE, 2020).

É fascinante que muitos dos documentos e das fotos do Brasil Imperial estão disponíveis no acervo das faculdades. Outros tantos documentos da mesma época encontram-se fisicamente na Biblioteca Nacional, localizada na cidade do Rio de Janeiro.

Por fim, devemos ressaltar que o advogado deve estar atento à escrita, de forma concisa e da maneira mais simples possível. A escrita tem de ser formal, mas também deve ser compreensível pelo cliente (esqueça o antigo "juridiquês").

Um bom advogado deve conhecer as conjunturas política, econômica e social, ter liderança e dominar sua área de atuação.

É importante salientar que a leitura tem de ser constante na vida do advogado, sendo fundamental para que alcance o sucesso na profissão. Com as leituras, o advogado se atualiza, e isso deve acontecer frequentemente. Um advogado que não lê, que não se informa, que não estuda, não estará atualizado e, consequentemente, não estará apto a advogar com excelência. Já para aquele que lê, que está atualizado, que tem boas informações e conhecimento das mudanças nas normas jurídicas, das inovações tecnológicas, da política e das questões sociais e econômicas, o sucesso vai bater a sua porta.

O profissional do direito deve sempre se perguntar que tipo de advogado ele pretende ser.

Na maioria das vezes, quando o advogado iniciante recebe a carteirinha da Ordem, torna-se um advogado generalista. É um "clínico geral" e acaba aceitando todas as causas que lhe aparecem Essa possibilidade é importante para que o advogado pegue mais experiência profissional e conheça vários ramos do direito.

Entretanto, após algum tempo de prática jurídica, o advogado pode se especializar. A escolha por determinada área depende de algumas experiências práticas e acadêmicas:

- disciplinas acadêmicas que dão mais prazer no momento do estudo;
- curiosidade sobre certos temas;
- influência de professores que admira;
- clientela do escritório;
- causas que dão mais retorno financeiro;
- exemplos de profissionais da área em que pretende atuar, como familiares, amigos etc.

Nesse contexto, o mais importante é saber que a advocacia atualmente exige que o profissional tenha uma excelente formação técnica e conhecimento pleno da área de atuação. Para isso, é necessária muita leitura, muito estudo teórico e prático e muita dedicação. Além disso, é preciso ter em mente a função social do trabalho do advogado, responsável pela paz social, pela defesa da dignidade da pessoa humana, pela defesa dos direitos humanos e principalmente pelo desenvolvimento e pela manutenção da democracia no país.

Aliadas a isso tudo isso devem estar as virtudes do advogado, as quais especificaremos na próxima seção.

— 1.3 —
Virtudes do advogado

"Os advogados, suponho, um dia foram crianças", disse o escritor inglês Charles Lamb. Com o desenvolvimento da personalidade (ainda criança), o sujeito começa a adquirir conhecimentos variados, a sonhar, a fazer uma história de vida, tornando-se capaz de almejar as melhores profissões do mundo. Cortella (2015, p. 13) faz a seguinte reflexão:

> Quando crianças (só as crianças?), muitas vezes, diante da tensão provocada por algum desafio que exigia esforço (estudar, treinar, emagrecer, etc.) ficávamos preocupados e irritados, sonhando e pensando: Por que a gente já não nasce pronto, sabendo todas as coisas? Bela e ingênua perspectiva. É fundamental não nascermos sabendo e nem prontos; o ser que nasce sabendo não terá novidades, só reiterações. Somos seres de insatisfações e precisamos ter nisso alguma dose de ambição, todavia, ambição é diferente de ganância, dado que o ambicioso quer mais e melhor, enquanto que o ganancioso quer só para si próprio. Nascer sabendo é uma limitação porque obriga a apenas repetir e, nunca, a criar, inovar, refazer,

modificar. Quanto mais se nasce pronto, mais se é refém do que já se sabe e, portanto, do passado, apreender sempre é o que mais impede que nos tornemos prisioneiros de situações que, por serem inéditas, não saberíamos enfrentar.

É importante lembrarmos que, ao empreendermos no projeto de ser advogado, optamos por estudar, apreender, aceitar conselhos e ensinamentos teóricos e práticos, criar, inovar, refazer e modificar quando necessário. Como afirma Cortella (2015), não podemos ser reféns do passado. Assim, modéstia à parte, estamos apreendendo e conseguimos escolher a melhor profissão do mundo: ser advogado.

Nesse sentido, Neves (2018, p. 19) pondera:

> Todos defendem os médicos. Não há dúvida de que sem eles a vida seria muito pior. Desde o início da história, os médicos e outros cientistas têm desempenhado um papel extraordinário. O mesmo se pode dizer dos engenheiros. As civilizações são, muitas vezes, medidas pelos seus colossos de engenharia. As pirâmides do Egito e o Coliseu fazem dos egípcios e dos romanos assombros da história, e essas obras são admiradas até os nossos dias. Os comerciantes também foram positivamente responsáveis pelo desenvolvimento da civilização. Criaram vínculos, disseminaram a escrita e os números. Um país cresce na medida em que suas finanças são bem geridas e se destacam seus economistas e comerciantes. Os guerreiros e os sacerdotes, por sua vez, também tiveram função elevada para a construção da nossa sociedade.

> [...] não há dúvida de que o mundo é melhor porque temos médicos, engenheiros, comerciantes, economistas, militares e sacerdotes. Mas os advogados?

Assim, precisamos fazer uma reflexão sobre a profissão do advogado. Os advogados são peças importantes na defesa da democracia e no exercício da cidadania, literalmente protegendo os homens dos homens.

O advogado é parte ativa nas conquistas dos direitos fundamentais, na organização do Estado, na criação das normas jurídicas e das Constituições que nosso país já teve. Isso significa que a advocacia proporcionou ao Brasil o fortalecimento das instituições, criando mais segurança jurídica e social e, principalmente, buscando a igualdade entre os homens.

Ruy Barbosa, considerado um dos maiores intelectuais do Brasil, advogado e jurista, contribuiu com várias lições na área do direito, entre elas, o conceito de igualdade. Ele questionava: "a regra da igualdade não consiste senão em quinhoar desigualmente aos desiguais, enquanto se desigualam?" (Barbosa, 2021, p. 35).

Tal conceito demonstra a importância da defesa da igualdade social pelos profissionais do direito. Ao longo dos tempos, na sociedade brasileira, observamos os advogados serem tachados de abolicionistas e/ou anarquistas, tendo em vista as constantes lutas contra o despotismo e a tirania. O advogado é a pura essência da formação do direito. Ihering (2019, p. 25) afirma:

> O fim do direito é a paz, e o meio para atingi-lo é a luta. Enquanto o direito precisar estar pronto ante a agressão da injustiça, o que ocorrerá enquanto existir o mundo, não poderá ele se poupar da luta. A vida do direito é luta, uma luta dos povos, do poder do Estado, das classes, dos indivíduos.

O autor adiciona que "Todo o direito do mundo foi conquistado mediante luta" (Ihering, 2019, p. 25). E eu parafraseio o mestre: todo o direito do mundo ainda está sendo construído pelos defensores do direito, por meio das árduas e inúmeras lutas contemporâneas!

Atualmente, compete aos advogados a defesa e a aplicação de vários direitos fundamentais, como o direito à privacidade, a honra, a moral, o direito ao voto, o direito à inviolabilidade da propriedade etc. Nesse contexto, a OAB tem como missão a defesa da categoria e, sobretudo, dos princípios constitucionais da legalidade e da liberdade de expressão plena dos advogados.

É bastante improvável haver um mundo no qual a profissão de advogado seja dispensável, pois, enquanto não existirem seres humanos perfeitos, será necessária a atuação do advogado para a solução dos conflitos. Do mesmo modo, como não existem seres humanos perfeitos, não existem advogados perfeitos. Os advogados "são seres humanos que têm na imperfeição uma das suas características mais marcantes e belas. Por outro lado, apenas enquanto humanos é que eles conseguem compreender a humanidade" (Neves, 2018, p. 19).

O exercício da advocacia é multidisciplinar, utilizando-se de técnicas e métodos de outras carreiras, entre elas teatro, economia, engenharia, psicologia, sociologia, filosofia, história etc. Dessa forma, o profissional do direito deve ter noções de todas essas disciplinas, pois deparará com várias causas para as quais precisará desenvolver teses multidisciplinares, baseadas em outras áreas do conhecimento.

Müssnich (2019, p. 23) assevera:

> a mistura da competência técnica profunda em Direito com outra categoria o tipo de conhecimento diferencia os bons profissionais dos verdadeiramente talentosos, excepcionais. O sonho de todo escritório de advocacia é descobrir, entre aqueles meninos e meninas que se apresentam para a entrevista, qual se destaca pelo conhecimento e pela motivação.

Logo, para ser um profissional de sucesso, não basta saber de leis; é preciso ter conhecimentos de outras áreas, estar sempre atualizado e informado.

É importante salientar que a profissão do advogado está estabelecida com base na ética e na moral.

No Brasil, nos últimos anos ocorreram várias situações nas quais a falta de moral e ética acabou com mandatos de políticos ou de diretores e presidentes de empresas. Observamos vários advogados sendo presos, muitos envolvidos em falcatruas, roubos, desvios, em conexão direta com criminosos. Ou seja, em vez de defenderem o criminoso, acabaram se transformando em criminosos.

O advogado deverá sempre observar os princípios da moral e da ética profissional. A OAB desenvolveu um estatuto que determina os princípios éticos e morais do profissional. Esse documento fornece, para os advogados, diretrizes para que não sejam ultrapassados os limites da ética e da moral no exercício da profissão. "Quer ser um advogado inesquecível? Não subestime suas atitudes e habitue-se somente às melhores" (Schulmann, 2016, p. 14). O autor acrescenta: "as atitudes melhores devem ser praticadas rotineiramente. Dentro e fora do escritório. Você será lembrado pelo que faz, pelo que fala, pelo que veste e pela maneira como trata os outros [...]. Você é o que os outros pensam que você é" (Schulmann, 2016, p. 14).

Portanto, o advogado não é advogado apenas no horário em que está no escritório, no fórum; ele é advogado 24 horas por dia. Assim, suas condutas morais e éticas vão além das paredes do escritório, já que serão observadas pela sociedade de maneira diferenciada, visto que o advogado tem a função de proteger, dar exemplo, defender os direitos do cidadão e preservar a liberdade nos limites da lei.

Além de respeitar a ética e a moral, o advogado deve ser acessível a seus clientes, ser gentil, educado e, principalmente, saber de sua importância social. Nas lições de Barbosa (2021, p. 67-68),

> Legalidade e liberdade são as tábuas da vocação do advogado. Nelas se encerra, para ele, a síntese de todos os mandamentos. Não desertar a justiça, nem cortejá-la. Não lhe faltar com

a fidelidade, nem lhe recusar o conselho. Não transfugir da legalidade para a violência, nem trocar a ordem pela anarquia. Não antepor os poderosos aos desvalidos, nem recusar patrocínio a estes contra aqueles. Não servir sem independência à justiça, nem quebrar da verdade ante o poder. Não colaborar em perseguições ou atentados, nem pleitear pela iniquidade ou imoralidade. Não se subtrair à defesa das causas impopulares, nem à das perigosas, quando justas. Onde for apurável um grão, que seja, de consolo do amparo judicial. Não proceder, nas consultas, senão com a imparcialidade real do juiz nas sentenças. Não fazer da banca balcão, ou da ciência mercatura. Não ser baixo com os grandes, nem arrogante com os miseráveis. Servir aos opulentos com altivez e aos indigentes com caridade. Amar a pátria, estremecer o próximo, guardar fé em Deus, na verdade e no bem.

Esses mandamentos, explicitados por Ruy Barbosa em seu discurso aos formandos de Direito do Largo de São Francisco em 1920, continuam atualíssimos. Essas palavras transmitem a pura essência da profissão do advogado, as responsabilidades éticas e morais, suas obrigações e, por que não dizer, uma grande discussão analógica da realidade jurídica da época em relação à realidade jurídica dos dias atuais.

Nesse contexto, resta evidente que a profissão do advogado exige um labor contínuo para sempre defender os princípios da liberdade, da igualdade e da fraternidade.

É importante salientar que a profissão de advogado exige uma grande aproximação com o cliente e, nesse contexto, o advogado atua como relações públicas de seu escritório. Em grande parte dos casos, a relação com o cliente depende diretamente do advogado, tendo em vista o caráter personalíssimo do trabalho.

— 1.4 —
É certo: gentileza gera gentileza

Você já deve ter ouvido o ditado popular "*Gentileza gera gentileza*", criado por José Datrino (1917-1996), mais conhecido como *Profeta Gentileza*. Personalidade na cidade do Rio de Janeiro, Datrino pintava inscrições com suas mensagens nas pilastras dos viadutos. Percorria a zona central da cidade trajando túnica branca e usando sua barba e seus cabelos longos e brancos.

Suas palavras confortaram muitas pessoas, sempre pregando o amor. Em alguns momentos, era tido como louco e respondia: "Sou maluco para te amar e louco para te salvar". Datrino incitava o povo a aplicar a gentileza ao dizer que, se agirmos com gentileza, teremos como retorno a gentileza (Oliveira, 2015, p. 2.325).

A busca espiritual e social do Profeta Gentileza surtiu efeito e o fez ser conhecido no Brasil inteiro. Entretanto, sua trajetória foi árdua, já que foi destratado e difamado. Para nosso intuito aqui, é conveniente nos apropriarmos das lições de Datrino e afirmar que a gentileza é uma forma barata de buscarmos grandes resultados em todas as áreas profissionais.

Pequenas ações, como dar bom dia, boa tarde, chamar a pessoa pelo nome, podem fazer relacionamentos se estreitarem, proporcionando relações profissionais e pessoais mais atraentes. O convívio passa a ser mais agradável no momento em que nos dirigimos pelo nome ao motorista do aplicativo, ao garçom, ao professor, ao pedreiro, ao borracheiro, ao amigo, ao cliente. Mesmo com crachás com os nomes, muitas pessoas insistem em chamar outras pela profissão ou por apelidos, como "ei, garçom", "seu motorista" etc. Essas condutas sociais estão ligadas à vulnerabilidade das pessoas. Se você age assim, mude a forma de tratar as pessoas e verá, nas expressões faciais, que ser chamado pelo próprio nome faz as pessoas socialmente vulneráveis se sentirem mais valorizadas.

Portanto, ao buscarmos o reconhecimento em nossa profissão, devemos antes reconhecer as outras pessoas em suas respectivas profissões. Gentileza gera gentileza.

Nas palavras de Schulmann (2016, p. 16): "um advogado também sentirá honrado se alguém mais poderoso, como um Ministro do Supremo Tribunal Federal, se dirigisse a ele dessa forma, caso o avistasse com amigos ou clientes".

Logo, ao tratar bem (com respeito) outros seres humanos, você demonstra sua índole e seu caráter. Schulmann (2016, p. 16) pontua: "se você não é naturalmente gentil (o que é uma pena a nós mesmos), esforce-se, procure melhorar".

O profissional do direito necessita de um *networking* para sobreviver no mercado. Para formar e trabalhar em sua rede de contato, o profissional recém-formado precisará de muita ajuda do próximo, pois sozinho não é possível alcançar o sucesso. Além dos conhecimentos técnicos e da organização, o sucesso do advogado depende de seu carisma e do relacionamento com os clientes. Novamente, gentileza gera gentileza.

— 1.5 —
Organização e postura do advogado

Quando falamos em advocacia, precisamos lembrar que, além das boas relações interpessoais, o trabalho do advogado depende de muita organização e responsabilidade. Ser responsável e organizado é planejar o dia a dia.

Dessa forma, é fato que a desordem é sinônimo de fracasso: "ambientes bagunçados e desorganizados provocam cansaço, imobilidade, engordam, confundem, deprimem" (Schulmann, 2016, p. 18). A desorganização tende a afastar o profissional do objetivo de alcançar o sucesso na carreira.

O advogado deve planejar o dia, agendar as tarefas, sempre elencando prioridades entre elas, organizar o tempo a ser destinado a cada uma das atividades, reservar momentos para tratar de possíveis imprevistos. Afinal, o dia a dia do advogado nunca é o mesmo; por isso a programação e a organização dos afazeres são importantes.

Do mesmo modo, a sala do advogado deve estar sempre limpa, com a mesa organizada, havendo o mínimo de objetos sobre o móvel, sem papeladas e livros jogados. Devem ser utilizadas pastas e caixas para organizar documentos físicos. A agenda também é importante, já que a memória do ser humano não é infalível.

Tudo isso compõe a postura de advogado! Você já deve ter ouvido alguém dizer as seguintes frases:

- Esse advogado não tem postura de advogado, veja só o desleixo dele!
- Esse cidadão não se comporta como advogado!
- Veja só, nem parece ser advogado, sequer está bem-vestido, não está usando terno e gravata!
- Esse advogado não respeita o cliente, atrasou novamente na reunião!
- Esse advogado não cumpre com os prazos legais, não sabe se portar nas audiências!
- Que advogado arrogante! Pensa que tem o rei na barriga!

Esses são ditos que infelizmente são repetidos no dia a dia da advocacia. Nessa área, uma das virtudes mais importantes é a pontualidade; sem dúvida, um profissional que chega no horário em seu compromisso é aquele que demonstra apreço por quem está o aguardando. Isso é ainda mais importante na atualidade, em que o tempo é um dos bens mais preciosos do ser humano, e "tempo vale dinheiro", como diz o antigo ditado. Nesse sentido, o advogado tem a obrigação de tomar algumas precauções para não perder a hora de seus compromissos.

A pontualidade não expressa a qualidade do profissional, certamente. No entanto, uma pessoa pontual tem tudo para ser um profissional que atenderá às expectativas de seu cliente.

Além disso, o advogado deve estar atento às agendas nos sistemas processuais e ser pontual também com os prazos dos processos. Deve ter a preocupação de agendar o cumprimento dos prazos em agenda apartada, assim não correrá o risco de perder prazos jurídicos.

Ademais, o advogado tem por obrigação preservar a aparência física. A profissão de advogado requer cuidados com a imagem pessoal, já que ela é o cartão de visitas do profissional. Não estamos nos referindo a um padrão de beleza, mas, sim, aos cuidados essenciais com a limpeza e a higiene, diretamente ligados à imagem pessoal.

De algum modo, a imagem pessoal do advogado é a também imagem daquele que ele irá representar. Então, antes de sair de casa, o profissional deve estar de banho tomado, hálito fresco, barba feita (no caso dos homens), cabelos arrumados, traje adequado, sapato limpo, roupas passadas e limpas, sem estampas, e camisas de cores claras de preferência. Tais cuidados parecem ser excesso, mas eles fazem diferença o dia a dia.

Embora a lei não obrigue o advogado a usar terno e gravata (ou vestimenta social equivalente para as mulheres), o uso é uma prática tradicional dos operadores do direito no Brasil e em boa parte do mundo. Atualmente, existem recomendações dos fóruns e dos tribunais brasileiros para que os advogados frequentem as audiências e os prédios do Poder Judiciário com vestimentas adequadas – homens com terno e gravata e mulheres com saias ou calças de alfaiataria, sem decotes ousados ou estampas exuberantes (Schulmann, 2016). Isso se faz em uma demonstração de respeito ao Poder Judiciário, à advocacia e, como já citamos, ao cliente.

Schulmann (2016, p. 16, grifo nosso) assinala a esse respeito:

> Você é advogado e mora no Rio de Janeiro, onde na maior parte do ano a canícula impera? Se isso servia de desculpa para você trocar as meias finas e os sapatos por um par de Crocs, é hora de rever seus conceitos. **O clima nunca autorizou nenhum advogado, de lugar nenhum do planeta, a trocar o terno bem cortado e a gravata por uma camisa polo e calça jeans. Nem a saia lápis e a blusa por rasteirinha e minivestido, modelito alto verão – ainda que a sua polo tenha um jacaré (Lacoste) ou o seu chinelo seja um indecentemente caro exemplar do designer Manolo Blahnik.**

Você, leitor, pode pensar diferente e nada tenho contra isso, mas meu conservadorismo com relação à imagem e ao respeito à tradição não me permitem vislumbrar um advogado com vestimentas diferentes das tradicionais.

Curiosidade

Um caso sobre a importância da vestimenta

Vou compartilhar uma experiência por mim vivida em uma sessão de julgamento perante uma turma recursal do Tribunal de Justiça do Estado do Paraná.

Ao ser chamado para a tribuna de defesa, um advogado cadeirante se dirigiu à tribuna da turma recursal sem vestimentas apropriadas para o ato (sustentação). O advogado estava com traje esporte: camisa polo, calças *jeans* e sapatênis. Após ser conduzido à tribuna por um auxiliar que empurrava a cadeira de rodas, o advogado iniciou sua sustentação, fazendo a saudação aos desembargadores e aos presentes na sessão.

Depois da saudação inicial, o presidente da turma recursal pediu a palavra e se dirigiu ao colega de profissão dizendo: "Senhor advogado, vejo que Vossa Senhoria não está trajando as vestimentas apropriadas para o ato. Aqui temos regulamentos, existem resoluções desse tribunal, o Estatuto de Ética da OAB, que há tempos orienta sobre as vestimentas apropriadas para realizar o ato nessa turma recursal. Vossa Senhoria sequer teve o respeito de colocar uma beca, disponível de forma gratuita neste prédio, na sala da OAB".

Em tom alto, o advogado interrompeu o desembargador e disse: "Veja, Excelência, eu sou do interior do estado. Não tive tempo de trocar de roupa, acabei não trazendo, e a beca não fica bem em cima da cadeira de rodas".

O desembargador respondeu: "Tal justificativa, relacionada a sua deficiência física, não justifica o fato. O senhor poderia ter solicitado o empréstimo da beca na OAB. Resta evidente o desrespeito de Vossa Senhoria com essa turma recursal e com todos os seus colegas de profissão, estudantes e convidados presentes nesta sessão de julgamento. Você está dando um mau exemplo para os estudantes de Direito aqui presentes. Diante do desrespeito, infelizmente não vou aceitar que Vossa Senhoria faça a sustentação oral sem vestimentas adequadas, pois isso é inaceitável".

Sem reação, o advogado pediu para que seu auxiliar o retirasse da tribuna. O desembargador deixou a sustentação oral do advogado para o final da lista, para que ele pudesse se recompor e procurasse ao menos uma beca. Por sorte, um advogado que já havia feito a defesa emprestou a beca para o advogado cadeirante, o qual acabou realizando a sustentação oral por último na pauta de sustentações orais.

O relato dessa situação tem o intuito de fazer você analisar a postura do desembargador e do advogado cadeirante e, ao mesmo tempo, demonstrar a importância do cuidado com a vestimenta, para não virar chacota entre colegas de profissão.

Cuide-se para que não chamem a sua atenção durante uma audiência e/ou julgamento. Além de ser uma situação constrangedora, você ainda ficará marcado como um advogado que não respeita as regras dos fóruns/tribunais.

Curiosidade

A primeira mulher advogada do Brasil

"O primeiro advogado foi o primeiro homem que, com a influência da razão e da palavra, defendeu os seus semelhantes contra a injustiça, a violência e a fraude" (Costa, 2002, p. 79).

Inicialmente, no Brasil, a profissão de advogado estava restrita aos homens. Esse sistema, no entanto, foi rompido por uma grande advogada, **Myrthes Gomes de Campos**, nascida em Macaé em 1875, a primeira advogada do país. Ela formou-se em 1898, na Faculdade Livre de Ciências Jurídicas e Sociais do Rio de Janeiro. Em 1910, ocupou o cargo de delegada fiscal do Ministério da Justiça e Negócio. Após muita luta contra o machismo, foi a primeira mulher a ocupar seu lugar na sociedade como advogada e a participar do Instituto da Ordem dos Advogados do Brasil desde sua fundação, em 1843.

Em 1899, a advogada teve seu lugar garantido para defender os interesses de seus clientes perante o tribunal do júri.

Agora que já tratamos da imagem do advogado, comentaremos, no próximo capítulo, as práticas vedadas ao profissional do direito.

Capítulo 2

Práticas vedadas ao advogado

Quando o assunto é ética, está-se tratando da responsabilidade que o exercício da advocacia envolve. Ser um profissional ético é uma das principais qualidades da profissão. Assim, existe a necessidade de abordarmos algumas práticas que são extremamente vedadas aos profissionais do direito.

Com relação à ética, é comum alunos e recém-formados terem dúvidas. Muitos já me indagaram a respeito das causas em que atuo. Certa vez, um aluno me perguntou: "Professor, como o senhor pode defender uma pessoa que é culpada? Nesse caso, ao representar um criminoso, o senhor está agindo com ética, mesmo sabendo informalmente ser ele um criminoso?". Em resposta, eu disse: "Meu caro, a Constituição da República Federativa do Brasil de 1988 determina que toda pessoa tem direito a um advogado, tem direito à ampla defesa e ao contraditório. O art. 5º, inciso LV, diz que 'aos litigantes, em processo judicial ou administrativo, e aos acusados em geral são assegurados o contraditório e ampla defesa, com os meios e recursos a ele inerentes'".

Nesse contexto, o advogado tem o dever de aconselhar tecnicamente seu cliente sobre a situação em que está envolvido. Muitas vezes, o conselho pode ser até mesmo pela confissão do ato ilícito. Conforme observamos, o direito ao contraditório, à ampla defesa e a um advogado é um direito fundamental do cidadão, assim como saúde, segurança, educação, garantidos na Constituição da República Federativa do Brasil.

A esse mesmo aluno, eu continuei declarando que: "O art. 133 diz que 'o advogado é indispensável à administração da justiça, inviolável por seus atos e manifestações no exercício da profissão, nos limites da lei'. Ou seja, além de eu cumprir minhas obrigações profissionais, o cliente está garantindo seu direito constitucional de ter um advogado e da ampla defesa e do contraditório".

Acrescentei que muitas vezes clientes inocentes são condenados e, em outras situações, clientes que confessaram o crime para o advogado são absolvidos. Assim é nosso sistema jurídico: cabe ao Estado provar a prática delituosa; caso comprove, imputará ao réu um decreto punitivo conforme o que estabelece a lei.

Finalizei a explanação para o aluno ressaltando que, caso a pessoa não tenha condições financeiras para contratar um advogado particular, terá direito a um defensor ofertado pelo Estado. Isso é devidamente garantido pelo art. 5º, inciso LXXIV, da Constituição, que trata da assistência jurídica integral e gratuita e que preconiza que "o Estado prestará assistência jurídica integral e gratuita aos que comprovarem insuficiência de recursos". Em tese, tal direito é válido para todos os tipos de ações, e garante ao cidadão o direito ao princípio da ampla defesa e do contraditório, base fundamental de nosso sistema jurídico processual. Isso ainda evita que o Estado se torne um aparelho opressor, sujeito a pressões ideológicas, políticas, econômicas e outras mais. "Lembrem-se sempre: o Poder Judiciário existe para proteger o cidadão do Estado, e não para ser instrumento de opressão do indivíduo pelo Estado" (Müssnich, 2019, p. 133).

Nesse contexto, é importante destacarmos que os advogados, muitas vezes, exercem o trabalho não para absolver o cliente, mas para que o cliente tenha uma pena justa, adequada ao crime e/ou ao ato praticado. Em casos cíveis, para que a pena seja adequada ao caso concreto, que não ultrapasse os limites legais e seja proporcional ao dano causado. No entanto, devemos sempre nos perguntar: Qual é o limite da profissão do advogado? Até onde o advogado deve ir? O advogado deve aceitar todos os tipos de causas?

O exercício da advocacia é personalíssimo. Dessa forma, é o próprio advogado que pode impor o limite de sua atuação. O profissional pode aceitar, não aceitar uma causa e até mesmo revogar uma procuração outorgada por vários motivos, inclusive de foro íntimo, sem a necessidade de dar explicação. No entanto, tudo deve ser realizado na legalidade, respeitando as normas e os atos processuais.

Muitos advogados não aceitam defender uma causa em que o autor é assassino de uma criança, outros não vão defender um estuprador, um traficante, e tantos outros não aceitarão trabalhar com ações cíveis, trabalhistas, tributárias etc. Em todas essas situações, é o advogado que determina os limites de sua atuação, também em conformidade com seu dia a dia. Esse limite pode estar relacionado à personalidade, à religião, a questões culturais e ao meio social no qual o advogado está inserido.

De qualquer forma, o advogado jamais pode se converter em cúmplice de seus clientes. O papel (profissional) do advogado é fazer a defesa livre de qualquer influência, com liberdade e seriedade, e não participar em nenhum momento do ato criminoso que está defendendo. Portanto, qualquer ação do advogado que ultrapasse os limites da ética e da moral torna-se cúmplice (partícipe) do cliente, e isso é inaceitável e deplorável, além de ir contra todos os princípios éticos e morais da profissão.

Vejamos, a seguir, alguns atos impraticáveis pelo advogado.

— 2.1 —
Atos impraticáveis pelo advogado

Quando pensamos em atos impraticáveis pelo advogado, devemos ter em mente que a advocacia é uma das profissões mais regulamentadas que existe no Brasil. Por isso, o advogado deve ter claro que tudo o que é ilícito é impraticável. Simples assim: além de ter em mente todas as normas jurídicas vigentes, o advogado deve seguir o Estatuto da Advocacia (Lei n. 8.906/1994 – Brasil, 1994b) e o Código de Ética da OAB (OAB, 2015) que regem as condutas éticas e profissionais dos advogados.

Logo, o advogado deve se proteger e se autopoliciar para não praticar atos lesivos a sua imagem, preservando sua conduta profissional (em aspectos éticos e morais).

São muitos os exemplos de situações impraticáveis pelo advogado. Citamos alguns a seguir:

- Andar com vestimentas inadequadas ao exercício da profissão nos ambientes de trabalho.
- Não ter preocupação com a própria higiene, andar desleixado.

- Receber seus clientes em local desorganizado, sujo, desacolhedor.
- Não respeitar prazos e horários previamente combinados.
- Mentir e prometer algo ao cliente que não como garantir que proverá.
- Deixar de anotar o que foi falado durante uma reunião, não fazer ata.
- Interagir de forma inadequada com seus clientes.
- Tratar o cliente como amigo; ser galanteador, confundindo a relação contratual.
- Estar desatualizado; não ter conhecimento técnico necessário na área em que vai atuar.
- Não tomar cuidados com sua imagem, publicando fotos (em redes sociais) que desabonem sua imagem perante clientes e a sociedade, ou que sejam incompatíveis com a causa que está defendendo.
- Não fazer contratos de honorários dos serviços angariados; fazer contratos informais ou tácitos.
- Não documentar a relação advogado-clientes (como deixar de receber procuração).
- Ser grosseiro e mal-educado com clientes e colaboradores.
- Na presença do juiz e do promotor, agir como se fosse amigo deles, gabando-se, contando seus feitos.
- Durante uma conversa, deixar de prestar atenção no interlocutor, dando preferência ao celular.
- Tomar decisão de modo precipitado, com base na emoção, e não na razão.

- Mesmo sabendo estar errado, nunca pedir desculpas.
- Não aceitar conselhos técnicos.
- Tentar levar vantagens (ludibriar) econômicas sobre seus clientes.
- Participar de jogo de azar com frequência.
- Ser ébrio habitual.

Ainda podemos citar alguns deveres do advogado, preconizados no Estatuto da Advocacia:

> Art. 31. O advogado deve proceder de forma que o torne merecedor de respeito e que contribua para o prestígio da classe e da advocacia.
>
> § 1º O advogado, no exercício da profissão, deve manter independência em qualquer circunstância.
>
> § 2º Nenhum receio de desagradar a magistrado ou a qualquer autoridade, nem de incorrer em impopularidade, deve deter o advogado no exercício da profissão.
>
> Art. 32. O advogado é responsável pelos atos que, no exercício profissional, praticar com dolo ou culpa.
>
> Parágrafo único. Em caso de lide temerária, o advogado será solidariamente responsável com seu cliente, desde que coligado com este para lesar a parte contrária, o que será apurado em ação própria.
>
> Art. 33. O advogado obriga-se a cumprir rigorosamente os deveres consignados no Código de Ética e Disciplina.
>
> Parágrafo único. O Código de Ética e Disciplina regula os deveres do advogado para com a comunidade, o cliente, o outro

profissional e, ainda, a publicidade, a recusa do patrocínio, o dever de assistência jurídica, o dever geral de urbanidade e os respectivos procedimentos disciplinares. (Brasil, 1994b)

Portanto, o advogado tem a obrigação de se autovigiar. Deve estar atento a suas obrigações e a todas as restrições e os impedimentos dispostos no estatuto. Deve estar ciente de que, caso infrinja qualquer um dos impedimentos citados, está sujeito a sanções administrativas, cíveis e criminais.

Nesta seção, comentamos apenas algumas obrigações e impedimentos do advogado, que servem de fundamento para pesquisas e a busca de mais informações a respeito das normas que regem a profissão.

— 2.2 —
Tecnologias da informação e benefícios para a advocacia

Primeiramente, é importante refletirmos sobre os avanços da tecnologia nas últimas décadas.

> Nos últimos 50 anos tivemos mais desenvolvimento inventivo do que em toda a história anterior da humanidade; em outras palavras: aceitando a hipóteses de que há aproximadamente 40.000 anos somos *homo sapiens sapiens*, apenas

nas 5 décadas mais recentes acumulamos mais estruturas de conhecimento e intervenção no mundo do que em todos os 39.950 anos anteriores. (Cortella, 2015, p. 15)

Entre os inventos extraordinários da humanidade, podemos destacar a rede mundial de computadores, responsável pela evolução em vários setores – industrial, comercial, econômico, científico, aeroespacial etc. Atualmente, é impossível que um advogado atuante consiga exercer seu trabalho sem acesso a essa grande rede, a internet, já que os meios de informações tecnológicos são ferramentas importantes para o dia a dia da advocacia.

Figura 2.1 – Globalização e o mundo digital na advocacia

Alexander Supertramp/Shutterstock

Além do material físico (jornais, livros), utilizados há bastante tempo, é possível ter acesso ao conhecimento por meio dos vários *sites* institucionais, de notícia, de periódicos diversos e de busca. Podemos encontrar quase tudo da área: livros, artigos, jurisprudências, doutrinas etc. Os sites são ainda um meio para divulgar o trabalho do advogado e angariar clientes.

O que seria, por exemplo, do advogado trabalhista sem o acesso à pesquisa do controle de horas trabalhadas no big data[1]? A quantidade de dados utilizados pelos profissionais do direito faz com que sejam necessárias grandes capacidades de armazenamento. Por conta disso, grandes empresas estão se especializando em ferramentas voltadas ao direito, com produção de peças, doutrinas, jurisprudências etc.

Na rede mundial de computadores, há vários sites voltados a advocacia. O advogado deve pesquisar para identificar qual sistema é mais adequado para seus serviços. Na grande maioria desses sistemas, existe um banco de dados que é importantíssimo, e cada novo cliente ganha uma pasta nesse sistema, na qual tudo é registrado: preferências, observações, histórico de reuniões etc. Advogados e secretários contribuem com a alimentação do banco de dados. É possível obter relações de clientes em vários setores do escritório, compreender o estilo de trabalho, conhecer o histórico do cliente etc. Além disso, todos os documentos produzidos e armazenados no sistema ficam disponíveis eletronicamente e podem ser buscados, conforme o nível de segurança, pelos usuários do escritório.

---

1   Big data se refere à grande quantidade de dados disponível em ambiente digital. O termo surgiu e na área de tecnologia da informação (TI), setor que acompanha de perto a alta quantidade de dados obtidos por meio da interação do usuário com sites, lojas on-line, cadastros, geolocalização, utilização de ferramentas diversas e muitas outras fontes. Agora, além de representar uma quantidade de dados, big data é uma expressão relacionada à coleta e à interpretação dos dados, pois estes precisam ser traduzidos em informação ou insight para terem aplicação prática.

No Brasil, existem vários programas e sistemas para a advocacia. Alguns conseguem identificar, entre centenas de documentos previamente arquivados, trechos específicos mais importantes; outros, com o uso de palavras-chaves, podem identificar, entre milhares de contratos, trechos de pareceres em que tais termos aparecem, facilitando o trabalho diário do advogado. Esses sistemas são um verdadeiro cérebro virtual, no qual as informações ficam armazenadas na nuvem, sem a necessidade de materializar fisicamente o armazenamento das informações.

Entre tantas ferramentas existentes e disponíveis, existem as que facilitam o acompanhamento processual, gerando avisos sempre que há uma movimentação, inclusive alertando quanto a prazos, audiências e intimações.

Curiosidade

Algumas soluções de tecnologia para a área jurídica

Atualmente, existem mais de 1.400 organizações que desenvolvem soluções de tecnologia para o meio jurídico. Listamos algumas indicadas por Müssnich (2019, p. 45, grifos nossos):

> **Sistema "Avvo"**, tem cadastrados diversos advogados, permitindo que o cliente escolha *on-line* o advogado por área de atuação, possibilitando ainda que o advogado dê conselhos através de ligação telefônica ao custo de algumas dezenas de dólares, oferecem ainda modelos de documentos legais;

Sistema "Lexxo", ajuda consumidores a escolher advogados, trabalhando apenas com profissionais selecionados pela própria "Lexxo", o trabalho dos advogados é monitorado pela própria "Lexxo", o valor do serviço é sempre fixo (tabelado);

Sistema "Ravel Law", cria mapas de casos relevantes a um tema, mostrando assim as sentenças mais recentes e importantes relativas ao processo em questão.

No Brasil, há o *site* Jus Brasil (<https://www.jusbrasil.com.br/home>), bastante utilizado pelos advogados iniciantes. Esse *site* facilita a busca por jurisprudências, doutrinas, modelos de petições e contratos diversos, além de colocar os clientes em contato com advogados por meio de *chat*.

Mesmo com tanta tecnologia, não parece haver riscos de que o advogado seja substituído futuramente pelos computadores ou sistemas. Talvez o que ocorra seja a substituição de alguns auxiliares, como secretários e estagiários. No entanto, com a tradição do trabalho formal por parte dos advogados, é provável que isso demore um pouco para acontecer. É importante ressaltar que não existe substituto para o talento e para a perspicácia do bom advogado.

O relacionamento com o cliente, as estratégias de defesa, as técnicas de convencimento do juízo, as sustentações orais nunca serão realizados pelas máquinas. A tecnologia deve ser pensada como uma ferramenta para o trabalho do advogado, pois esse profissional, por si só, é uma peça essencial para que todos esses sistemas sejam utilizados e alimentados com informações.

— 2.3 —
Posturas permitidas aos advogados nas redes sociais

A liberdade e a legalidade são fundamentos do exercício da advocacia. Assim, inicialmente é importante alertar que não existe nada que impeça que o advogado use as redes sociais, mas é recomendável que o faça respeitando a ética e a moral.

Os advogados usuários das redes sociais devem conhecer as plataformas disponíveis e analisar aquela que tenha mais afinidade com seu perfil pessoal. Dificilmente o advogado conseguirá estar presente em todas as redes sociais, já que elas demandam tempo para acompanhamento e atualização.

O uso das redes sociais é importante para fazer o *marketing* pessoal de qualquer carreira; e isso vale para o advogado também. Além de divulgar a imagem como profissional na área do direito, as redes ajudam a angariar futuros clientes.

O profissional poderá escolher, por exemplo, o **Facebook**, que atinge mais de 2,7 bilhões de usuários no mundo. É a maior rede social da atualidade, com usuários das várias classes sociais. Dessa forma, ao escolher tal plataforma, vale analisar como poderá chamar a atenção desse público generalizado para divulgar sua imagem e buscar clientes potenciais (Facebook, 2022).

O **YouTube** é outra plataforma importante. São 2,2 bilhões de usuários em todo o mundo. Essa rede é interessante para publicar vídeos; ainda é possível criar um canal de informações, em que o advogado pode divulgar, por exemplo, conteúdos do estatuto de ética da profissão, ministrar aulas, falar de algum assunto, realizar entrevistas, dar cursos. O YouTube é uma das melhores opções para os advogados realizarem o chamado *marketing digital*.

Já o **Instagram** é uma plataforma com mais de 1 bilhão de usuários no mundo. Nela, o advogado pode postar fotos, *stories* e vídeos, além de interagir com as pessoas em suas publicações. O segredo dessa plataforma está nas mensagens curtas, acompanhadas de imagens, com conteúdo claro e objetivo (Instagram, 2022).

O advogado ainda pode contar com o **LinkedIn**, hoje a maior rede social profissional do Brasil. Nessa rede, pode-se publicar o currículo e deixar disponível para acesso; é uma rede potencialmente produtiva no mundo corporativo. O público, portanto, é voltado para a realização de negócios, pois a plataforma permite contato direto com os gestores das empresas. O usuário advogado pode, inclusive, compartilhar informações e divulgar seus objetivos na advocacia (LinkedIn, 2022).

O **Twitter** foi criado em 2006 e tem mais de 210 milhões de usuários em todo o mundo. Permite postar texto, vídeo e sons e trocar mensagens entre os usuários de forma reservada. Muito utilizado por profissionais liberais, políticos, artistas etc. O resultado das postagens pode ser observado imediatamente, pois as mensagens devem ter no máximo 140 caracteres (Twitter, 2021).

Recentemente, muitos profissionais do direito vem utilizando-se da plataforma conhecida como **TikTok**, que permite fazer vídeos curtos e de alcance quase instantâneo, além de interações com usuários de todas as classes sociais e culturais dos quatro cantos do mundo – um público diversificado. Foi o aplicativo mais baixado em 2020; o número de usuários não é revelado pela plataforma, mas estima-se que passe de 700 milhões de pessoas no mundo (Ventura, 2021).

Atualmente, não tem como os advogados ficarem fora das redes sociais, pois estas são uma "vitrine" para os profissionais do direito, assim como os de outras áreas. Essas plataformas são relevantes para fomentar a imagem profissional e conquistar clientes. No entanto, é preciso tomar alguns cuidados, pois nem tudo o que parece legal é legal perante o estatuto de ética da OAB. Trataremos, na próxima seção, sobre os limites da propaganda na advocacia.

— 2.4 —
Limites da propaganda na advocacia

Com o Provimento n. 94, de 5 de setembro de 2000, da OAB, os advogados passaram a ter mais tranquilidade no uso das redes sociais, podendo planejar e estruturar o *marketing* digital jurídico (OAB, 2000). Essa nova regra liberou a participação dos advogados nas plataformas digitais; no entanto, as informações postadas não podem ter cunho comercial.

Conforme o Estatuto de Ética da OAB e os provimentos internos, os advogados podem usar a tecnologia e o meio físico para divulgar sua imagem. No quadro a seguir, explicitamos algumas situações permitidas e proibidas para os advogados nas redes sociais.

Quadro 2.1 – Permissões e proibições ao advogado nas redes sociais

É permitido	É proibido
Enviar mensagens nas redes sociais sem ofertar serviços ou tentar captar cliente de forma direta.	Colocar em debate causas que estejam sendo patrocinadas por outro advogado.
Divulgar informações sobre as atividades que exerce de forma moderada e discreta, sempre para informar os interessados do meio jurídico.	Fazer publicação sobre temas que afrontem a dignidade profissional e comprometam a imagem da OAB.
Publicar e divulgar notícias e artigos recentes sobre as áreas de atuação no direito.	Postar sentenças e nomes dos clientes.
	Fazer insinuações para conseguir angariar reportagens e declarações públicas.
Publicar artigos próprios e de terceiros.	Divulgar serviços gratuitos.
Publicar notícias relevantes que interessem ao seu escritório e à sociedade.	Divulgar e publicar preços de serviços e consultas.
Impulsionar publicações nas redes sociais.	Ostentar riquezas, relativas ao exercício ou não da profissão, como uso de carros, viagens, hospedagem e bens de consumo.

Como podemos observar, todas as situações permitidas têm teor informativo, jamais teor comercial.

No caso de materiais impressos, o advogado não deve vincular o nome do escritório a calendários e folhetos de propaganda comercial. Placas e *banners* dos escritórios devem ter tamanhos adequados e servir apenas para identificar o local.

Assim, na advocacia não pode haver comercialização do serviço, pois a mercantilização é proibida pelo Código de Ética da OAB, além de prevenir o litígio (art. 39 da Resolução n. 02, de 19 de outubro de 2015 – OAB, 2015).

Logo, o limite da propaganda é regido pelo Código de Ética da OAB, que apresenta orientações e proibições a respeito da publicidade na advocacia. Estas devem ser seguidas fielmente, pois, caso contrário, o advogado pode ser punido administrativa, civil e criminalmente (dependendo do ato praticado).

Recentemente, o Provimento n. 205, de 15 de julho de 2021, da OAB, propiciou maior liberdade aos profissionais do direito com relação às regras sobre publicidade, para modernizar a forma de a categoria fazer propaganda. Esse provimento foi aprovado pelo Conselho Federal da OAB e ajustou algumas lacunas do provimento anterior, deixando mais claras as responsabilidades do profissional do direito perante as novas tecnologias de informação (OAB, 2021).

O novo provimento permitiu ao profissional usar as ferramentas tecnológicas e das redes sociais de forma ampla, além de impulsionar os conteúdos jurídicos de forma passiva e ativa, uma das novas conquistas do profissional do direito nessa nova regra. Isso quer dizer que agora o advogado pode pagar para a plataforma de sua escolha impulsionar os conteúdos que deseja, de modo que atinjam mais usuários, inclusive aqueles que não sigam o perfil do profissional. Tal situação está exposta no art. 4º do provimento:

> Art. 4.º No marketing de conteúdos jurídicos poderá ser utilizada a publicidade ativa ou passiva, desde que não esteja incutida a mercantilização, a captação de clientela ou o emprego excessivo de recursos financeiros, **sendo admitida a utilização de anúncios, pagos ou não, nos meios de comunicação**, exceto nos meios vedados pelo art. 40 do Código de Ética e Disciplina e desde que respeitados os limites impostos pelo inciso V do mesmo art. e pelo Anexo Único deste provimento. (OAB, 2021, grifo nosso)

O novo provimento também liberou a participação dos profissionais do direito em *lives*, além de permitir o uso das ferramentas *chatbot*, WhatsApp e Google Ads. No entanto, todos esses recursos devem ser usados com moderação pelo profissional do direito, levando sempre em conta a ética e a moral e evitando, principalmente, a publicidade desmedida, aquela que tem como único objetivo angariar clientes, que evidencia a mercantilização da advocacia.

Essas novidades são coerentes com a realidade atual e as novas tecnologias de informação. Por isso, o novo provimento também disciplinou a criação de um comitê regulador do *marketing* jurídico, órgão de caráter consultivo que pode intervir para alterar, suprimir e/ou fazer inclusões de critérios necessários na nova regra.

O provimento de 2021 criou, além disso, a Coordenação Nacional de Fiscalização, para fiscalizar eventuais denúncias e violações às regras de publicidade. Compete ao órgão dar efetividade ao novo provimento e, desse modo, auxiliar no desempenho e na publicidade do trabalho do advogado brasileiro.

Quanto ao *marketing* jurídico, o provimento estabelece, em seu art. 1º:

> Art. 1.º É permitido o marketing jurídico, desde que exercido de forma compatível com os preceitos éticos e respeitadas as limitações impostas pelo Estatuto da Advocacia, Regulamento Geral, Código de Ética e Disciplina e por este Provimento. (OAB, 2021)

Portanto, a nova regra é taxativa ao declarar que o *marketing* jurídico deve respeitar os preceitos éticos e morais estabelecidos anteriormente pela OAB. E mais: responsabiliza os profissionais pelas informações vinculadas. Observe:

> Art. 1º
>
> [...]
>
> § 1º As informações veiculadas deverão ser objetivas e verdadeiras e **são de exclusiva responsabilidade das pessoas físicas identificadas e, quando envolver pessoa jurídica, dos sócios administradores da sociedade de advocacia que responderão**

pelos excessos perante a Ordem dos Advogados do Brasil, sem excluir a participação de outros inscritos que para ela tenham concorrido.

§ 2º Sempre que solicitado pelos órgãos competentes para a fiscalização da Ordem dos Advogados do Brasil, **as pessoas indicadas no parágrafo anterior deverão comprovar a veracidade das informações veiculadas,** sob pena de incidir na infração disciplinar prevista no art. 34, inciso XVI, do Estatuto da Advocacia e da OAB, entre outras eventualmente apuradas. (OAB, 2021, grifos nossos)

Tais providências são necessárias para evitar *fake news* e para que o profissional do direito, antes de veicular quaisquer informações, tenha prudência e ciência de sua responsabilidade jurídica, social, ética e moral.

No quadro a seguir apresentamos conceitos fundamentais estipulados pelo art. 2º do provimento.

Quadro 2.2 - Conceitos fundamentais do Provimento n. 205/2021 da OAB

Tema	Descrição
Marketing jurídico	Especialização do *marketing* destinada aos profissionais da área jurídica. Utilização de estratégias planejadas para alcançar objetivos no exercício da advocacia.
Marketing de conteúdos jurídicos	Estratégia de *marketing* que se utiliza da criação e da divulgação de conteúdos jurídicos, disponibilizados por meio de ferramentas de comunicação, voltada para informar o público e para a consolidação profissional ou escritório de advocacia.

(continua)

(Quadro 2.2 – conclusão)

Tema	Descrição
Publicidade	Meio pelo qual se tornam públicas as informações a respeito de pessoas, ideias, serviços ou produtos, utilizando os meios de comunicação disponíveis, desde que não vedados pelo código de ética e disciplina da advocacia.
Publicidade profissional	Meio utilizado para tornar pública as informações atinentes ao exercício profissional, bem como os dados do perfil da pessoa física ou jurídica inscrita na OAB, nos meios de comunicação disponíveis, desde que não vedados pelo código de ética e disciplina da advocacia.
Publicidade de conteúdos jurídicos	Divulgação destinada a levar conteúdos jurídicos ao conhecimento do público.
Publicidade ativa	Divulgação capaz de atingir número indeterminado de pessoas, mesmo que elas não tenham buscado informações acerca do anunciante ou dos temas anunciados.
Publicidade passiva	Divulgação capaz de atingir somente público certo, que tenha buscado informações acerca do anunciante ou dos temas anunciados, bem como aqueles que concordem previamente com o recebimento do anúncio.
Captação de clientela	Utilização de mecanismos de *marketing* que, de forma ativa, independentemente do resultado obtido, se destinam a angariar clientes pela indução à contratação dos serviços ou estímulo do litígio, sem prejuízo do estabelecido no código de ética e disciplina e regramentos próprios.

Está expresso, no art. 3º do provimento, que "A publicidade profissional deve ter caráter meramente informativo e primar pela discrição e sobriedade, não podendo configurar captação de clientela ou mercantilização da profissão". Tal situação é simples de compreender. A seguir, citaremos alguns exemplos.

Exemplo 1: Situação proibida, ilegal

Nas redes sociais, o advogado publica um texto ou vídeo informando que seu trabalho é o melhor da cidade, que seu escritório tem quatro andares, que recentemente ganhou várias causas e que dará um desconto de 10% no valor da causa para os 50 primeiros que ligarem e/ou mandarem mensagem.

Exemplo 2: Situação permitida, legal

Nas redes sociais, o advogado publica um texto ou vídeo sobre as mudanças recentes no Código Penal, informando que agora, nos crimes de estelionato, é necessária a representação por meio de queixa-crime, feita por um advogado.

Portanto, o profissional do direito não pode comercializar seus serviços por meio de anúncios, brindes, material impresso e digital, ou seja, não pode fazer a apresentação dos serviços de forma indiscriminada para a sociedade. A publicidade deve ser realizada de forma discreta, com seriedade, sem ostentação, buscando passar ao público uma noção do direito e da personalidade do profissional do direito que está informando, a fim de agregar tais informações à sociedade, para contribuir com o desenvolvimento do Estado Democrático de Direito, possibilitando ao público conhecer o profissional.

O provimento de 2021 estabelece, no art. 6º, muito questionado atualmente:

> Art. 6º
>
> [...]
>
> Parágrafo único. Fica vedada em qualquer publicidade a ostentação de bens relativos ao exercício ou não da profissão, como uso de veículos, viagens, hospedagens e bens de consumo, bem como a menção à promessa de resultados ou a utilização de casos concretos para oferta de atuação profissional.

Nesse caso, há uma proibição direta a propagandas de alta promoção do profissional ostentador, aquele que se utiliza da ostentação para mostrar vantagens e se vangloriar para possíveis clientes, fazendo indiretamente concorrência desleal. Essa situação ainda é corriqueira nas redes sociais. Com o Provimento n. 205/2021, a OAB passa a exigir do advogado uma imagem discreta, sóbria, respeitosa, pois a ostentação vai contra o que preconizam as diretrizes da imagem do advogado pregada desde os primórdios da instituição.

Literalmente, isso significa deixar de se mostrar superior aos colegas de profissão por meio da ostentação, com a publicação de imagens e fotos nas redes sociais de carros, mansões, viagens, restaurantes etc. Não estamos tratando, aqui, de um jantar com amigos no restaurante da cidade, de um churrasco em família, mas, sim, de postar uma fotografia em restaurante de elite, um vídeo dirigindo um carro de luxo, motocicletas importadas, aviões, ou de fotos mensais de viagens internacionais.

O Provimento n. 205/2021 revogou o Provimento n. 94/2000, bem como disposições em contrário. As restrições existentes no código de ética e no provimento de 2021 são importantes para não tornar a advocacia um ramo do comércio, inibindo o monopólio de grandes escritórios, além de evitar que bons advogados deixem de trabalhar por não terem condições de competir financeiramente com esses grandes escritórios (que têm condições de pagar por propaganda). Dessa forma, evita-se a concorrência desleal e a desmoralização do profissional do direito.

Como o advogado não pode se utilizar de panfletos e *outdoors*, deve usar as redes sociais de forma responsável, com a divulgação de conteúdos de utilidade pública, buscando a paz e a igualdade social, cumprindo a função social do profissional do direito de proteger as garantias e os direitos fundamentais do cidadão. Nesse contexto, não é menos importante que o advogado se lembre de seu grupo de amigos, familiares e conhecidos dos conhecidos para montar sua rede potencial de clientes, o *networking*.

Para isso, nada melhor do que o tradicional e costumeiro cartão de visitas, que pode ser distribuído em eventos de que o advogado participar, nos fóruns, tribunais etc. É importante ressaltar que não se deve sair fornecendo cartões aleatoriamente; a ideia é entregá-lo no primeiro contato com um futuro cliente.

Outra forma de colocar em evidência o escritório e a imagem do advogado é a propaganda boca a boca. Quando o advogado realiza bem um trabalho, de modo eficaz, seu cliente satisfeito irá indicá-lo para outra pessoa. Da mesma forma, ao trabalhar bem para a pessoa indicada, esta futuramente dará a indicação para outra pessoa, em um ciclo sem fim, aumentando a rede de contatos e de clientes a cada dia que passa.

Para isso, o advogado deve ter o dom de encantar e satisfazer os interesses do cliente. Esse deve ser o objetivo principal do escritório de advocacia. É nesse momento que o advogado usa sua simpatia, seu carisma, sua gentileza e sua organização. Além disso, o trabalho deve ser realizado com excelência para que o nome do advogado seja lembrado nos grupos de amigos e na família do cliente. Por isso, é imprescindível que o advogado demonstre domínio profissional, ética e moral.

Ademais, o advogado não pode esquecer de que um bom escritório de advocacia deve ter um bom planejamento. O escritório deve funcionar de forma adequada e eficiente (administrativa e financeiramente). O atendimento ao cliente é o que permitirá ao profissional sobreviver no mercado de trabalho. Versaremos sobre isso na seção a seguir.

— 2.5 —
Atendimento: atitudes para conquistar um cliente em potencial

O cliente, assim como em muitas áreas, é o bem mais precioso para o advogado. São os clientes que tornam possível o sonho do sucesso profissional e que proporcionam liberdade financeira.

Dessa forma, o atendimento ao cliente deve ser considerado o momento mais importante da advocacia. Primeiramente, pela possibilidade de fechamento do serviço (a causa); depois, pelas indicações que o cliente fará tendo recebido um serviço bem-realizado. Os clientes, logo, são importantíssimos para a divulgação do nome do advogado, do escritório e do trabalho efetuado. Um cliente satisfeito pode gerar dez clientes novos em média, e o advogado que perde um cliente por mau atendimento certamente perderá pelo menos dez clientes.

Para conquistar um cliente, o advogado, em primeiro lugar, tem que ser um encantador: "Já não basta simplesmente satisfazer clientes. É preciso encantá-los" (Kotler, 2000, p. 55).

Dessa forma, também é importante ficar alerta à qualidade do trabalho e a algumas situações que permitem manter os clientes e fazer aumentar o grupo de possíveis clientes. Para isso, os conselhos são simples, mas muitas vezes essa simplicidade não é considerada. Listamos algumas ações relevantes:

- Atender prontamente às ligações sempre que possível.
- Responder às ligações e aos *e-mails* da forma mais rápida possível.

- Explicar para o cliente a situação de forma simples e compreensível.
- Nunca mentir para o cliente; sempre dizer a verdade, mesmo que a verdade não seja aquilo que o cliente queira ouvir.
- Ser simpático, gentil e educado.
- Não ser soberbo e não se vangloriar.
- Estar atualizado sobre o assunto a ser abordado com o cliente. Caso não conheça sobre o tema, reagendar a reunião para ter tempo de estudar e analisar o caso específico.
- Obter informações a respeito do cliente antes mesmo da primeira reunião com ele. Se isso não for possível, entrevistar o cliente nos primeiros minutos da reunião, para encaminhar a conversa de acordo com personalidade, classe social e nível educacional do cliente.
- Em situações que envolvam menores, nunca realizar o atendimento sozinho com o menor; sempre deve haver uma testemunha (de preferência o representante legal do menor e um funcionário do escritório), assim demonstra-se para o cliente e o representante legal respeito e segurança (e evita-se qualquer situação de constrangimento).

Atitudes simples como essas ajudam o profissional do direito a fortalecer a relação com o cliente desde o primeiro contato. Outro fator importante na relação entre cliente e advogado é a comunicação (verbal). Muitos advogados não escutam o cliente – o cliente é quem deve ser ouvido, mesmo que o que ele tenha a dizer pareça ser bobagem e/ou ocupe o tempo do advogado.

Quanto mais o cliente falar do assunto ao advogado, mais fácil será a construção da defesa e/ou de uma possível acusação. Além disso, quanto mais informação o cliente passa, mais fácil se torna fundamentar os pedidos iniciais e/ou instruir a defesa/acusação.

O advogado tem que ter em mente que ele está trabalhando para o bem de seu cliente, e não contra este. O advogado é um prestador de serviço, e o cliente espera que o resultado do serviço seja convincente. São os clientes que pagam os honorários advocatícios; o cliente é o "patrão" do advogado. Por essa e outras razões, os clientes devem ser tratados com respeito, com carinho, sempre zelando para que os serviços prestados sejam de alta qualidade.

Nesse contexto, o advogado não pode esquecer que atualmente a maioria absoluta dos clientes tem acesso direto a sistemas de informações, como a internet, os jornais impressos, entre outras fontes. Grande parte tem conhecimento e formação educacional. São pessoas inteligentes e conscientes do serviço que querem. Os clientes são exigentes, têm noção dos valores dos honorários e não toleram erros. Quando o cliente procura um advogado, geralmente o faz pela indicação de outras pessoas, já sabendo da qualidade dos serviços prestados e já tem alguma ideia do quanto terá de gastar com os serviços.

E mais: o cliente sabe que existem vários advogados no mercado. Antes de procurar certo profissional, o cliente pode ter procurado outros advogados. Por isso, o atendimento faz tanta diferença na hora de fechar o contrato.

Schulmann (2016, p. 116) alerta:

> Tratar bem o seu cliente pode não atrair mais clientes, mas dará a você a segurança de que não vai perdê-lo;
>
> Seja transparente. A certeza da sua honestidade vai fazer com que ele pense duas vezes antes de trocar de advogado;
>
> Mantenha o vínculo com o cliente. Ligue para ele de vez em quando, pergunte se precisa de algo e como você pode ajudar. Não apareça anos depois só para cobrar os honorários.

Conquistado o cliente, como agir no primeiro contato com ele? É o que comentaremos na próxima seção.

— 2.5.1 —
Primeira reunião com o cliente: quais documentos devo pedir?

No primeiro encontro com o cliente, o advogado deve solicitar documentos que comprovem os pedidos, a defesa e/ou as acusações que farão parte do trabalho para o qual está sendo contratado.

Após fechar o contrato de prestação de serviço, é preciso preparar as documentações para dar início aos trabalhos. Cada área do direito tem sua especificidade no que atina aos documentos a serem entregues pelos clientes. No entanto, alguns documentos são necessários em todos os processos.

Além disso, quanto mais documentos e provas forem juntadas na primeira reunião, mais fácil ficará o desenvolvimento do trabalho.

Resumidamente, a seguir apresentamos os documentos obrigatórios para **todas as demandas judiciais**:

- contrato de honorários, elaborado pelo advogado, que deve ser assinado pelo(s) contratante(s), pelo(s) advogado(s) e pelas testemunhas;
- procuração referente ao caso, em que o cliente outorga direitos para o advogado representá-lo judicialmente. Se for assistência jurídica gratuita, deve ser feita a declaração de hipossuficiência;
- cópias dos documentos pessoais do cliente;
- cópia do comprovante de residência do cliente;
- se houver menores de idade na demanda, cópias dos documentos do menor e do representante legal. Nesse caso, a procuração deve ser feita em nome do menor e do representante legal.

Em **demandas cíveis**, o cliente precisa apresentar os seguintes documentos (básicos):

- se o cliente for o **autor** da demanda, além dos documentos obrigatórios, deve entregar todos os documentos capazes de comprovar o direito pleiteado. Por exemplo, em um caso de danos materiais e morais, o cliente deve apresentar documentos que comprovem os danos materiais e morais sofridos, como notas fiscais, protocolos de atendimento, postagens nas redes sociais, mensagens de texto, gravações, nome e endereço de potencial testemunha e outras provas que tenha e sejam capazes de comprovar o direito perseguido;

- se o cliente for o **réu** da demanda, além dos documentos obrigatórios, deve entregar todos os documentos capazes de comprovar que o pedido do autor é improcedente. Novamente, no exemplo da demanda de danos materiais e morais, o cliente deve fornecer documentos que comprovem que o autor não tem razão nos pedidos, deve providenciar contraprovas, para que seja possível apresentar contestação, impugnação etc. Esses documentos também podem ser notas fiscais, mensagens de texto, nome e endereço de potencial testemunha e outras provas que tenha para demonstrar que o autor não tem direito com relação ao pedido inicial.

Em **demandas trabalhistas**, o cliente deve fornecer para o advogado os seguintes documentos:

- se o cliente for **empregado (reclamante)**, além dos documentos obrigatórios, deve apresentar a rescisão do contrato de trabalho, se existir, a Carteira de Trabalho e Previdência Social (CTPS), documentos que comprovem o dano sofrido e nomes e endereços de potenciais testemunhas, além de todos os documentos necessários para comprovar os direitos pleiteados. Com as mudanças recentes da Consolidação das Leis do Trabalho (CLT – Brasil, 1943), as ações trabalhistas tornaram-se mais complexas, necessitando de mais provas para ter sucesso nos pedidos iniciais;

- se o cliente for **empregador (reclamado)**, além dos documentos obrigatórios, deve apresentar cópia do contrato de trabalho, se tiver, cópia do contrato social, cópia dos documentos pessoais do representante legal da empresa, cartão de ponto do empregado, se tiver, nomes e endereços de potenciais testemunhas, além de todos os documentos necessários para comprovar que os direitos pleiteados pelo empregado são improcedentes.

Na **esfera criminal**, os documentos necessários dependem de cada caso. Na maioria das vezes, além dos documentos obrigatórios nos casos de pedido de liberdade, quando o advogado representa o **acusado**, é importante que o representante do cliente (familiares, amigos etc.) apresente todos os documentos que encontrar (provas, comprovantes etc.) para facilitar o pedido judicial, por exemplo:

- declaração de idoneidade;
- comprovante de emprego formal (CTPS) e/ou declaração de emprego autônomo;
- documentos que comprovem a propriedade de bens (veículos, imóveis etc.);
- vídeos, gravações, documentos que comprovem a inocência do indiciado (aprisionado ou não);

- nomes e endereços de potenciais testemunhas;
- quaisquer outros documentos que possam demonstrar a inocência do aprisionado, réu, indiciado, investigado etc.

Na esfera criminal, o advogado também pode fazer parte da acusação, para defender o interesse da **vítima**. Nesse caso, a vítima e/ou o familiar deve fornecer documentos que possibilitem que o advogado faça a queixa-crime e/ou possa ser o assistente de acusação, como provas capazes de comprovar o dano sofrido, por exemplo:

- vídeos, mensagens;
- nomes e endereços de testemunhas do fato ou de potenciais testemunhas;
- notas fiscais dos objetos furtados;
- quaisquer outros documentos capazes de comprovar os danos sofridos.

Um dos trabalhos do advogado é fazer a relação dos documentos necessários para cada demanda. Por meio de técnicas e com o uso do conhecimento, da experiência, o profissional terá plena condição de orientar os clientes a providenciar documentações e provas capazes de auxiliar o exercício do trabalho advocatício.

Existem vários tipos de demandas e de trabalhos na área advocatícia. Aqui, expusemos uma pequena relação; é a perspicácia e a prática profissional que farão com que o advogado identifique os documentos necessários para a causa. Ou seja, há causas as mais variadas possíveis, as quais exigem do profissional do direito muito conhecimento e muita sensibilidade para lidar com a habilitação processual e juntadas de provas documentais.

Na seção que segue, trataremos do meio de subsistência dos advogados, de natureza e finalidade alimentar, os honorários advocatícios e suas espécies.

Curiosidade

Quem inventou a internet?

No Brasil a internet é utilizada por mais de 152 milhões de pessoas, por meio de diferentes dispositivos eletrônicos.

A rede mundial de computadores foi criada durante a Guerra Fria, para atender a estratégias militares, por vários pesquisadores. O marco de criação da internet é outubro de 1969, pela Advanced Research Projects Agency Network (Arpanet), ou Rede da Agência de Projetos e Pesquisas Avançadas, em português, órgão do Departamento de Defesa dos Estados Unidos.

Figura 2.2 – Rede mundial de computadores

Na época, a rede também servia para conectar universidades e laboratórios de pesquisa estadunidenses. A Universidade da Califórnia foi a primeira a enviar um *e-mail* para outras instituições de ensino, o qual dizia: "Você está recebendo isso".

O protocolo de comunicação TCP/IP (em português, *controle e protocolo de internet* respectivamente) é um dos principais recursos da rede, pois estabelece como os dados devem ser transmitidos e recebidos. Graças a ele, é possível interagir com diversos computadores diferentes. O TCP/IP foi criado por Robert Kahn e Vinton Cerf, conhecidos como os pais da internet (Sérvio, 2021).

No Poder Judiciário brasileiro, o avanço da internet foi o fator determinante para a criação da Lei n. 11.419, de 19 de dezembro de 2006 (Brasil, 2006), que marcou o início dos processos eletrônicos no país. Desse ponto, as inovações tecnológicas na Justiça brasileira não pararam de acontecer. É importante salientar que, atualmente, os processos eletrônicos são quase a totalidade dos processos no Judiciário brasileiro. Tal avanço tecnológico ainda proporcionou recentemente, durante a pandemia de Covid-19, a realização de audiências virtuais por meio de salas de reuniões virtuais, o que deve permanecer como legado para o Poder Judiciário.

Desse modo, a informatização do Judiciário e os processos eletrônicos facilitaram o trabalho do profissional do direito. Hoje, além dos protocolos de demandas e das movimentações dos processos, os advogados podem fazer audiências virtuais nas dependências do próprio escritório ou em *home office*.

Capítulo 3

Honorários advocatícios

Inicialmente, é importante citarmos que a profissão de advogado, os antigos defensores da lei, nem sempre foi remunerada.

Durante séculos, os trabalhos eram realizados em troca de elogios e gratificação moral; a dívida pelos serviços prestados era apenas de honra.

> Nos tempos antigos, a civilização nos seus primórdios, dada a simplicidade do direito, do processo, dos costumes, das relações civis e comerciais, não é de surpreender- se que faltasse, ainda que mínimo, qualquer acervo ao tema dos encargos da lide; [...]. No direito romano clássico, dominados os espíritos por uma concepção publicista do processo, o problema do reembolso das despesas pelo sucumbente em favor do vencedor não chegou a aflorar-se. Pois, ou não existiram tais despesas, ou seriam elas de todo irrelevantes: em regra, os encargos eram suportados pelas próprias partes, cada uma por si; como também, em regra, as partes compareciam pessoalmente em juízo. Os defensores (advogados), os quais não tinham a representação do cliente, chamados a prestar assistência nos processos, faziam-no gratuitamente, ou em troca de favores políticos. (Cahali, 1997, p. 22)

A advocacia tinha como objetivo o engrandecimento do ego, as honrarias, o reconhecimento social e muitas vezes até artístico dos defensores. Logo, pessoas de alta sociedade, letradas, faziam a defesa em troca de favores e honrarias sociais e favores jurídicos.

Na Idade Média, esse cenário começou a mudar tanto no direito comum quanto no direito canônico. Passou-se a cobrar honorários de sucumbência, relacionados às despesas da lide, como uma punição para a parte perdedora. Segundo Hammerschmitt (2008, p. 45), "percebe-se, assim, que a sucumbência era tratada como uma penalidade, ou seja, entendida como uma afronta. Não poderiam litigar aqueles que não tinham certeza do seu direito portanto, eram penalizados ao pagamento das custas processuais".

Na Idade Moderna, segundo a autora, essa ideia-chave "culminou na fixação da verba honorária, partiu da prática iniciada a condenar o perdedor da lide ao pagamento da sucumbência. E essa teoria da sucumbência preserva-se até os dias atuais, pois tem natureza de ressarcimento" (Hammerschmitt, 2008, p. 45).

Assim, a natureza ressarcitória dos honorários de sucumbência estimulou os advogados contratados, para realizar serviços, a cobrarem honorários. O que observamos é que os honorários de sucumbência tinham e têm até hoje uma função de pena, para punir o cidadão que propõe demanda sem necessidade.

> À medida que o direito se transformou em ciência e se tornou mais complexo, obrigando os advogados a longos e demorados estudos para o bom desempenho do seu "mister", iniciou-se a cultura do pagamento dos serviços por eles prestados, transformando, assim, o que era uma atividade de benevolente em uma profissão remunerada. (Hammerschmitt, 2008, p. 46)

Significado de *honorários*

Eis o que significa o termo *honorários* segundo o dicionário Michaelis (2021):

> 1 Pagamento em retribuição a serviços prestados pelos que exercem uma profissão liberal; remuneração.
> 2 Vencimentos ou salário de qualquer profissional.

Assim, os honorários são a retribuição pelos serviços prestados por profissionais liberais de qualquer área, como médicos, peritos, engenheiros, advogados, incluindo profissionais que não têm vínculo empregatício.

Nesse contexto, os honorários advocatícios são a contrapartida pela prestação de serviço de um advogado devidamente registrado na OAB, a determinado cliente. Esse serviço pode ser prestado de forma consultiva e/ou no curso de um processo (fase inicial, intermediária, final, recurso etc.).

— 3.1 —
Legalidade da cobrança dos honorários advocatícios e caracterização como verba alimentar

O devido processo legal, o acesso à justiça, o direito à ampla defesa e ao contraditório, a celeridade processual e a efetividade da justiça são alguns princípios contemplados pela Constituição da República Federativa do Brasil de 1988, dispostos no art. 5º, incisos XXXV, LIV, LV e LXXXVIII.

Esses direitos asseguram ao cidadão a busca pela reparação da lesão sofrida, garantindo segurança e ordem jurídica ao sistema processual (Brasil, 1988).

Assim, o novo sistema processual (neoprocessualismo) vem contemplar a busca pelas garantias constitucionais do cidadão, tomando como base os princípios constitucionais, analisando sempre a legalidade e, principalmente, tomando como base a constitucionalidade das normas. O cidadão, nesse caso, tem de ser amparado por uma defesa técnica e, na maioria das vezes (exceto nas questões referentes ao juizado especial), precisa contratar um advogado. Em outros casos, pode ser assistido pela defensoria pública e/ou por advogados dativos.

Com relação aos honorários advocatícios, vale a seguinte reflexão sobre a **legalidade** da cobrança dos honorários advocatícios pelos advogados:

> A prestação de qualquer serviço profissional de advogado, judicial ou extrajudicial, não se presume gratuita. O art. 1.216, do Código Civil de 1916, tratando da locação de serviços, prevê que "toda a espécie de serviço ou trabalho lícito, material ou imaterial, pode ser contratada mediante retribuição". A previsão legal data de mais de 80 anos nos mesmos termos.
>
> Tal disposição, de ordem legal, faz referência a retribuição, o que também ocorria no disposto no art. 96 da Lei nº 4215/63 (EOAB), repisada no atual Estatuto da Ordem dos Advogados, art. 22, da Lei nº 8906, de 4 de julho de 1994, que assegura aos inscritos na Ordem o direito à percepção de honorários contratados formalmente ou não. (Onófrio, 1998, p. 23, citado por Hammerschmitt, 2008, p. 45)

A criação do novo Código de Processo Civil (CPC) em 2015 (Brasil, 2015) ofertou aos instrumentadores do direito a possibilidade de ter um curso processual e uma prestação jurisdicional mais efetiva, célere e específica. O art. 85 do novo CPC assim dispõe: "A sentença condenará o vencido a pagar honorários ao advogado do vencedor". Esse art. do CPC/2015 é um avanço na questão dos honorários advocatícios; são 19 parágrafos que esquematizam e detalham como o advogado perceberá os honorários devidos a título dos serviços prestados.

Figura 3.1 – Natureza alimentar dos honorários advocatícios

Essa mudança foi um avanço no disposto no antigo CPC, de 1973, principalmente em relação à titularidade dos honorários devidos em arbitramento:

> mesmo diante das disposições da Lei nº 8.906/94 (Estatuto da OAB), subsistiu a cizânia acerca da titularidade dos honorários advocatícios arbitrados em sede de decisão judicial (honorários advocatícios sucumbenciais), havendo quem admitisse que, em caso de eventual sucumbência recíproca, fosse possível a compensação dos créditos reconhecidos reciprocamente a título de honorários. (Veiga; Gaspar, 2020, p. 42)

Dessa forma, é importante salientar que, em caso de sucumbência parcial, a compensação é vedada, pois, conforme dispõe o art. 85, parágrafos 14 e 15 do CPC, a natureza dos honorários é alimentar, e tais honorários podem ser repassados, a pedido do advogado, para a sociedade de advogados que ele integra:

> § 14. Os honorários **constituem direito do advogado e têm natureza alimentar**, com os mesmos privilégios dos créditos oriundos da legislação do trabalho, sendo vedada a compensação em caso de sucumbência parcial.
>
> § 15. O advogado pode requerer que o pagamento dos honorários que lhe caibam **seja efetuado em favor da sociedade de advogados** que integra na qualidade de sócio, aplicando-se à hipótese o disposto no § 14. (Brasil, 2015, grifos nossos)

Assim, legalmente os honorários advocatícios devidos são de titularidade exclusiva do advogado, contemplando o que diz Súmula Vinculante n. 47 do Superior Tribunal Federal (STF, 2015), de 27 de maio de 2015:

> Os honorários advocatícios incluídos na condenação ou destacados do montante principal devido ao credor consubstanciam verba de natureza alimentar cuja satisfação ocorrerá com a expedição de precatório ou requisição de pequeno valor, observada ordem especial restrita aos créditos dessa natureza.

Portanto, já está sumulado o entendimento sobre a natureza alimentar dos honorários advocatícios. Assim é a jurisprudência pátria:

AGRAVO INTERNO. RECURSO ESPECIAL. PROCESSUAL CIVIL. SÚMULA N. 283/STF. ART. 833, § 2.º, DO CPC. PENHORA. HONORÁRIOS ADVOCATÍCIOS. VERBA ALIMENTAR.

1. "É inadmissível o recurso extraordinário, quando a decisão recorrida assenta em mais de um fundamento **suficiente e o recurso não abrange todos eles**" (Súmula n. 283/STF).

2. O STJ consolidou entendimento no sentido de que os honorários advocatícios são considerados verba alimentar, inclusive para fins do disposto no art. 833, § 2.º, do CPC/2015, sendo possível a penhora de verbas remuneratórias para o seu pagamento.

3. Agravo interno a que se nega provimento. (STJ, 2020, grifos nossos)

AGRAVO INTERNO NO RECURSO ESPECIAL. AGRAVO DE INSTRUMENTO. PENHORA. CONTA SALÁRIO. ART. 833, IV, DO CPC/2015. PENHORA SOBRE PERCENTUAL DA REMUNERAÇÃO DO DEVEDOR. POSSIBILIDADE (CPC, ART. 833, § 2.º). AGRAVO INTERNO DESPROVIDO.

1. No caso, o Tribunal de origem, ao interpretar os arts. 833, IV, e § 2.º, do CPC/2015, consignou que, embora os honorários de sucumbência possuam natureza alimentar, não podem ser caracterizados como prestação alimentícia.

2. Ocorre que o novo Código de Processo Civil, em seu art. 833, deu à matéria da impenhorabilidade tratamento um tanto diferente em relação ao Código anterior, no art. 649. O que antes era tido como "absolutamente impenhorável", no novo regramento passa a ser "impenhorável". Portanto, já não se pode falar em absoluta impenhorabilidade, mas sim em relativa.

3. Tendo os honorários advocatícios, contratuais ou sucumbenciais, natureza alimentar, nos termos do art. 85, § 14, do CPC/2015, é possível a penhora de verbas remuneratórias para o seu pagamento. Precedentes.

4. A Quarta Turma, no julgamento do AgInt no REsp 1.732.927/DF (Rel. Ministro RAUL ARAÚJO, julgado em 12/02/2019, DJe de 22/03/2019), decidiu que o julgador, sopesando criteriosamente as circunstâncias de cada caso concreto, poderá admitir ou não a penhora da verba alimentar, ou limitá-la a percentual razoável, sem agredir a garantia do executado e de seu núcleo essencial.

5. Agravo interno a que se nega provimento. (STJ, 2019b, grifo nosso)

AGRAVO INTERNO NO AGRAVO EM RECURSO ESPECIAL. CUMPRIMENTO DE SENTENÇA. HONORÁRIOS ADVOCATÍCIOS DE SUCUMBÊNCIA. EXCEÇÃO À IMPENHORABILIDADE PREVISTA NO ART. 833, § 2.º, DO CPC/2015. DETERMINADA A RETENÇÃO DE 30% DOS PROVENTOS DA POSTULANTE. ENTENDIMENTO PACÍFICO DESTA CORTE. APLICAÇÃO AO CASO CONCRETO. AGRAVO INTERNO DESPROVIDO.

1. A jurisprudência desta Corte Superior é no sentido de que os honorários advocatícios são considerados verba alimentar, inclusive para fins do disposto no art. 833, § 2.º, do CPC/2015, sendo possível a penhora de verbas remuneratórias para o seu pagamento.

2. Agravo interno desprovido. (STJ, 2019a, grifo nosso)

O *caput* do art. 85 do novo CPC veio contemplar o disposto no art. 23 da Lei n. 8.906/1994, que diz:

> Art. 23. Os honorários incluídos na condenação, por arbitramento ou sucumbência, pertencem ao advogado, tendo este direito autônomo para executar a sentença nesta parte, podendo requerer que o precatório, quando necessário, seja expedido em seu favor.

Além disso, é importante salientar que o advogado e a parte têm legitimidade ativa e concorrente para interpor recurso em face dos honorários advocatícios arbitrados em sentença. Assim preconizam Veiga e Gaspar (2020, p. 23):

> nos arts. 85 e 96, ambos do CPC/2015, e no art. 23 da Lei n. 8.906/94, entende-se que o advogado tem legitimidade ativa e concorrente com a parte para recorrer do capítulo que arbitrou os honorários advocatícios. Enquanto o advogado tem legitimidade ordinária, defendendo em nome próprio seu próprio interesse, a parte tem legitimidade extraordinária, defendendo em nome próprio, direito alheio, no caso, do advogado que a representa.

O art. 24, parágrafo 1º, da Lei n. 8.906/1994 dá ao advogado o direito de executar nos próprios autos da ação em que foram arbitrados os honorários advocatícios:

Art. 24. A decisão judicial que fixar ou arbitrar honorários e o contrato escrito que os estipular são títulos executivos e constituem crédito privilegiado na falência, concordata, concurso de credores, insolvência civil e liquidação extrajudicial.

§ 1º A execução dos honorários pode ser promovida nos mesmos autos da ação em que tenha atuado o advogado, se assim lhe convier. (Brasil, 1994b, grifo nosso)

Assim, o advogado pode pedir a execução no próprio processo pelo rito da penhora, conforme os arts. 797 e seguintes do novo CPC.

Além dos honorários sucumbenciais, o entendimento jurisprudencial é de que os honorários contratuais, desde que o pedido seja realizado com cópia do contrato pactuado entre o advogado e o cliente, podem ser executados nos próprios autos em que o advogado atuou. Eis a jurisprudência:

> EMENTA: AGRAVO DE INSTRUMENTO-CUMPRIMENTO DE SENTENÇA – EXECUÇÃO DE HONORÁRIOS CONTRATADOS NO BOJO DA AÇÃO – IMPOSSIBILIDADE – PRINCÍPIOS DA ECONOMIA PROCESSUAL E INSTRUMENTALIDADE DAS FORMAS – EXPEDIÇÃO DE ALVARÁ – POSSIBILIDADE – CONCORDÂNCIA DEVEDOR.
>
> 1) **Se atendidas as exigências legais e desde que o pedido seja instruído com a cópia do contrato, é possível a reserva de valor a título de honorários advocatícios contratados no bojo da ação em que o advogado tiver atuado**, nos termos do art. 24, § 1.º, da Lei 8.906/94, que dispõe sobre o Estatuto da Advocacia

e a Ordem dos Advogados do Brasil. **2) Em que pese não atendidos os aludidos requisitos legais, a concordância do devedor quanto ao valor indicado a título de honorários advocatícios contratados enseja o deferimento da pretensão, por se tratar de parcela incontroversa.** (TJ-MG, 2016, grifos nossos)

A situação demonstrada está garantida aos advogados no art. 22 da Lei n. 8.906/1994:

> Art. 22. A prestação de serviço profissional assegura aos inscritos na OAB o direito aos honorários convencionados, aos fixados por arbitramento judicial e aos de sucumbência.
>
> [...]
>
> **§ 2º Na falta de estipulação ou de acordo, os honorários são fixados por arbitramento judicial, em remuneração compatível com o trabalho e o valor econômico da questão, não podendo ser inferiores aos estabelecidos na tabela organizada pelo Conselho Seccional da OAB.**
>
> [...]
>
> **§ 4º Se o advogado fizer juntar aos autos o seu contrato de honorários antes de expedir-se o mandado de levantamento ou precatório, o juiz deve determinar que lhe sejam pagos diretamente, por dedução da quantia a ser recebida pelo constituinte, salvo se este provar que já os pagou.** (Brasil, 1994b, grifos nossos)

Dessa forma, o advogado tem a possibilidade legal de pleitear e exigir os honorários advocatícios contratuais devidos pelo cliente, desde que comprove com o contrato no bojo da ação em que tiver atuado. O contrato (título executivo) deve estar preenchido de forma correta; assim, é possível o juízo atender ao pedido, privilegiando os princípios da economia processual e da instrumentalidade das formas.

Já a pretensão executória ocorre conforme prazos prescricionais dos títulos executivos extrajudiciais. A prescrição é quinquenal para execução dos contratos de honorários advocatícios, prazo contado do vencimento do contrato, desde que pactuada previamente entre as partes uma data. Caso não conste uma data, o prazo é contado do termo final da prestação do serviço, ou ainda da data da revogação do mandato. Assim dispõe o art. 25 da Lei n. 8.906/1994:

> Art. 25. Prescreve em cinco anos a ação de cobrança de honorários de advogado, contado o prazo:
>
> I – do vencimento do contrato, se houver;
> II – do trânsito em julgado da decisão que os fixar;
> III – da ultimação do serviço extrajudicial;
> IV – da desistência ou transação;
> V – da renúncia ou revogação do mandato. (Brasil, 1994b)

Com base nesse entendimento, há as jurisprudências pátrias:

PRESCRIÇÃO PRESTAÇÃO DE SERVIÇOS ADVOCATÍCIOS ADVOGADO CONTRATADO PARA PATROCÍNIO DE UMA ÚNICA CAUSA RELAÇÃO JURÍDICA CONTINUATIVA – PROCESSO EM

QUE NÃO HOUVE NECESSIDADE DE INCURSÃO NA FASE DE EXECUÇÃO DE JULGADO TERMO INICIAL DO PRAZO PRESCRICIONAL PARA EXECUÇÃO DOS HONORÁRIOS CONTRATADOS – TRÂNSITO EM JULGADO DA SENTENÇA PROFERIDA NO PROCESSO PATROCINADO ART. 25, I, III E V, DA LEI 8.906/94 RECURSO DESPROVIDO.

Contratado o advogado exequente para o patrocínio de uma única causa, o prazo prescricional quinquenal para execução extrajudicial dos honorários advocatícios contratados flui do vencimento do contrato (seja porque expressamente pactuada uma data ou por estabelecer aquele como termo final a efetiva prestação de determinado serviço) ou da revogação do mandato (art. 25, I e V da Lei 8.906/94), o que ocorrer primeiro. Contratado o advogado para patrocínio de uma única causa, e findado o serviço, sem necessidade de incursão na fase de execução do julgado, o termo inicial de cômputo do prazo prescricional para execução dos honorários contratados é o trânsito em julgado da sentença proferida no processo patrocinado. (TJ-SP, 2013, grifo nosso)

APELAÇÃO CÍVEL. EXECUÇÃO DE HONORÁRIOS PROPOSTA PELA FAZENDA PÚBLICA ESTADUAL. SENTENÇA QUE DECRETOU A PRESCRIÇÃO DA PRETENSÃO EXECUTIVA, EXTINGUINDO, DE OFÍCIO, O FEITO, COM BASE NO ART. 206, § 5º, INC. I, DO CÓDIGO CIVIL, C/C O ART. 332, § 1º, E ART. 487, INC. II, AMBOS DO CÓDIGO DE PROCESSO CIVIL. PROCESSO QUE FICOU ARQUIVADO POR MAIS DE UM LUSTRO APÓS A CITAÇÃO POR EDITAL DA EMPRESA EXECUTADA. CREDOR QUE DEIXOU DE PROMOVER OS ATOS QUE LHE ERAM INERENTES PARA VIABILIZAR A SATISFAÇÃO DO SEU CRÉDITO.

PRESCRIÇÃO INTERCORRENTE POSITIVADA. **EXEGESE DO ART. 25, INC. II, DA LEI N. 8.906/94.** PRECEDENTE. SENTENÇA MANTIDA. RECURSO DESPROVIDO. (TJ-SC, 2019, grifo nosso)

Logo, a prescrição se dá pelo lapso do tempo que o advogado deixou para entrar com a demanda (cinco anos) e pela dissídia do credor, que, após entrar com a ação, não encontrou bem a penhorar e deixou o processo suspenso sem movimentação até que atingisse o lapso temporal para a prescrição intercorrente (art. 206, parágrafo 5º, I, do Código Civil, c/c art. 332, parágrafo 1º e art. 487, II, ambos do novo CPC).

— 3.2 —
Princípios contratuais

A Constituição da República Federativa do Brasil de 1988 guarda, em seu bojo, vários princípios fundamentais, fazendo valer o apelido de Constituição Cidadã. Foram assegurados princípios nunca contemplados anteriormente, especialmente o princípio da dignidade da pessoa humana. Assim, as interpretações das legislações infraconstitucionais tiveram de ser revistas à luz da Constituição de 1988.

Esse fato desencadeou uma releitura do direito civil, o qual teve de se adaptar e incorporar cláusulas e novos conceitos jurídicos indeterminados. Desse modo, os princípios constitucionais foram inseridos na legislação civil, e isso proporcionou uma maior liberdade contratual, focada nos interesses sociais.

Os princípios constitucionais foram incorporados no Código Civil de 2002, renovado para respeitar os dispositivos constitucionais, evidenciando um marco da liberdade contratual. Eis o que estabelece o art. 113 do Código Civil (Brasil, 2002)

> Art. 113. Os negócios jurídicos devem ser interpretados conforme a boa-fé e os usos do lugar de sua celebração.
>
> § 1º A interpretação do negócio jurídico deve lhe atribuir o sentido que: (Incluído pela Lei n.º 13.874, de 2019)
>
> I – for confirmado pelo comportamento das partes posterior à celebração do negócio; (Incluído pela Lei n.º 13.874, de 2019)
>
> II – corresponder aos usos, costumes e práticas do mercado relativas ao tipo de negócio; (Incluído pela Lei n.º 13.874, de 2019)
>
> III – corresponder à boa-fé; (Incluído pela Lei n.º 13.874, de 2019)
>
> IV – for mais benéfico à parte que não redigiu o dispositivo, se identificável; e (Incluído pela Lei n.º 13.874, de 2019)
>
> V – corresponder a qual seria a razoável negociação das partes sobre a questão discutida, inferida das demais disposições do negócio e da racionalidade econômica das partes, consideradas as informações disponíveis no momento de sua celebração. (Incluído pela Lei n.º 13.874, de 2019)
>
> § 2º As partes poderão livremente pactuar regras de interpretação, de preenchimento de lacunas e de integração dos negócios jurídicos diversas daquelas previstas em lei. (Incluído pela Lei n.º 13.874, de 2019)

Ao lermos o dispositivo legal, fica claro que a liberdade contratual, com a Constituição de 1988, passou a ser mais ampla, já que as partes passaram a ter liberdade para "pactuar livremente regras de interpretação, de preenchimento de lacunas e de integração dos negócios jurídicos diversas daquelas previstas em lei". Assim, as partes passaram a ter liberdade para fazer o contrato conforme as próprias vontades, desde que se utilizem da boa-fé. Além disso, a questão social passou a ser parte interpretativa dos contratos, levando em conta "usos, costumes e práticas do mercado relativas ao tipo de negócio".

Ainda podemos observar as mudanças constitucionais no Código Civil com a análise dos arts. 421 e 422:

> Art. 421. A liberdade contratual será exercida nos limites da função social do contrato. (Redação dada pela Lei nº 13.874, de 2019)
>
> Parágrafo único. Nas relações contratuais privadas, prevalecerão o princípio da intervenção mínima e a excepcionalidade da revisão contratual. (Incluído pela Lei nº 13.874, de 2019)
>
> Art. 421-A. Os contratos civis e empresariais presumem-se paritários e simétricos até a presença de elementos concretos que justifiquem o afastamento dessa presunção, ressalvados os regimes jurídicos previstos em leis especiais, garantido também que: (Incluído pela Lei nº 13.874, de 2019)
>
> I – as partes negociantes poderão estabelecer parâmetros objetivos para a interpretação das cláusulas negociais e de seus pressupostos de revisão ou de resolução; (Incluído pela Lei nº 13.874, de 2019)

> II – a alocação de riscos definida pelas partes deve ser respeitada e observada; e (Incluído pela Lei nº 13.874, de 2019)
>
> III – a revisão contratual somente ocorrerá de maneira excepcional e limitada. (Incluído pela Lei nº 13.874, de 2019)
>
> Art. 422. Os contratantes são obrigados a guardar, assim na conclusão do contrato, como em sua execução, os princípios de probidade e boa-fé. (Brasil, 2002) (Brasil, 2002)

Logo, a liberdade contratual passou a ser exercida com respeito aos limites da função social do contrato (**princípio da função social dos contratos**). No parágrafo único do art. 421, está nitidamente expresso um dos princípios constitucionais citados anteriormente: "prevalecerão o princípio da intervenção mínima e a excepcionalidade da revisão contratual". Ou seja, há maior liberdade para as partes fazerem acordos sobre eventuais situações que envolvam o negócio jurídico, compondo o conteúdo do contrato. No entanto, precisamos ter em mente que tal liberdade contratual está sujeita às limitações das normas existentes. Podemos citar como exemplo os contratos de relações de consumo, os quais devem ser dirimidos pelo Código de Defesa do Consumidor (CDC).

Quanto à função social, o legislador explicita que o contrato realizado deve sempre respeitar a cultura, o costume, a lei, a sociedade em geral, e não apenas os envolvidos no contrato firmado. As relações entre as partes devem preservar os interesses da sociedade, principalmente para evitar fraudes contra credores, fraude à execução, simulação, propaganda enganosa, concorrência desleal etc. A função social está diretamente inserida no **princípio da solidariedade**, disposto no art. 3º, inciso I, da Constituição:

> Art. 3º Constituem objetivos fundamentais da República Federativa do Brasil:
>
> **I - construir uma sociedade livre, justa e solidária;** (Brasil, 1988, grifo nosso)

Em outros termos, a sociedade deve ser livre (liberdade), justa (não prejudicar o próximo), e solidária (sempre agir para não prejudicar, mas, sim, para ajudar no desenvolvimento da sociedade, tomando atitudes solidárias, de boa-fé). Dessa forma, a liberdade contratual deve sempre respeitar a função social.

Logo, a probidade e a boa-fé são princípios fundamentais dos contratos, os quais podem ser observados no art. 422 do Código Civil:

> Art. 422. Os contratantes são obrigados a guardar, assim na conclusão do contrato, como em sua execução, os princípios de probidade e boa-fé. (Brasil, 2002)

Esse dispositivo legal garante ao cidadão a aplicação do princípio da boa-fé objetiva, não permitindo o abuso de qualquer direito no contrato a ser pactuado entre as partes. Portanto, assegura às partes a boa-fé contratual em todas as fases do contrato: pré-contratual, pós-contratual e em todos os deveres laterais ao contrato. Logo, o negócio jurídico realizado entre as partes não pode ter nenhum tipo de vício.

O **princípio da boa-fé e da veracidade dos contratos** também consta no art. 765 do Código Civil:

> Art. 765. O segurado e o segurador são obrigados a guardar na conclusão e na execução do contrato, a mais estrita boa-fé e veracidade, tanto a respeito do objeto como das circunstâncias e declarações a ele concernentes. (Brasil, 2002)

Isso quer dizer que as partes devem observar o princípio da boa-fé em todos os atos dos contratuais. O dispositivo legal supracitado alerta sobre a veracidade de documentos, do objeto e de todas as declarações e circunstâncias que envolvem o contrato pactuado entre as partes. Caso as partes não sigam tais princípios, podem sofrer ação de reparação pelos possíveis danos causados à parte contrária. A parte que não agir de boa-fé pode, inclusive, ser condenada a pagar indenizações ao lesado por eventuais danos causados, conforme as disposições legais.

Gomes (2008, p. 49-50) afirma:

> O princípio da boa-fé entende mais com a interpretação do contrato do que com a estrutura. Por ele se significa que o literal da linguagem não deve prevalecer sobre a intenção manifestada na declaração de vontade, ou dela inferível. Ademais, submetem-se, no conteúdo do contrato, proposições

que decorrem da natureza das obrigações contraídas, ou se impõem por força de uso regular e da própria equidade. Fala-se na existência de condições subentendidas.

Para Theodoro Jr. (1993, p. 38),

> Nos tempos atuais, prevalece o princípio de que "todos os contratos são de boa-fé", já que não existem mais, no direito civil, formas sacramentais para declaração de vontade nos negócios jurídicos patrimoniais, mesmo quando a lei considera um contrato como solene. O intérprete, portanto, em todo e qualquer contrato, tem de se preocupar mais com o "espírito" das convenções do que com a sua letra.

No mesmo sentido, explica Gonçalves (2002, p. 40):

> O princípio da boa-fé exige que as partes se comportem de forma correta não só durante as tratativas, como também durante a formação e o cumprimento do contrato. Guarda relação com o princípio de direito segundo o qual ninguém pode beneficiar-se da própria torpeza. Recomenda ao juiz que presuma a boa-fé, devendo a má-fé, ao contrário, ser provada por quem a alega.

O princípio da boa-fé é objetivo, exigindo das partes uma preocupação em realizar o contrato de forma respeitosa com a outra parte. Ou seja, o contrato deve ser estabelecido de forma leal, não pode ser abusivo nem lesivo para nenhuma das partes. A seguir, apresentamos uma jurisprudência que dá um exemplo de como pode ser infringida a boa-fé objetiva:

> RECURSO ESPECIAL. LOCAÇÃO COMERCIAL. ALUGUÉIS. REAJUSTE. CLÁUSULA CONTRATUAL. PREVISÃO. CINCO ANOS. COBRANÇA. INEXISTÊNCIA. VALORES RETROATIVOS. IMPOSSIBILIDADE. BOA-FÉ OBJETIVA. SUPRESSIO.
>
> 1. Recursos especiais interpostos contra acórdão publicado na vigência do Código de Processo Civil de 2015 (Enunciados Administrativos nºs 2 e 3/STJ).
>
> 2. Cinge-se a controvérsia a definir se, não tendo exercido o direito de reajustar os aluguéis durante o período de 5 (cinco) anos, com base em cláusula contratual expressa, pode o locador exigir o pagamento de tais valores, inclusive de retroativos, após realizada a notificação do locatário.
>
> 3. A *supressio* decorre do não exercício de determinado direito, por seu titular, no curso da relação contratual, gerando para a outra parte, em virtude do princípio da boa-fé objetiva, a legítima expectativa de que não mais se mostrava sujeito ao cumprimento da obrigação.
>
> 4. Hipótese em que o acórdão recorrido concluiu que o locador não gerou a expectativa no locatário de que não mais haveria a atualização do valor do aluguel durante todo o período contratual (vinte anos), mas que apenas não seria exigida eventual diferença no valor já pago nos 5 (cinco) anos anteriores à notificação extrajudicial.

5. Destoa da realidade fática supor que, no caso, o locatário tivesse criado a expectativa de que o locador não fosse mais reclamar o aumento dos aluguéis e, por esse motivo, o decurso do tempo não foi capaz de gerar a confiança de que o direito não seria mais exercitado em momento algum do contrato de locação.

6. **Viola a boa-fé objetiva impedir que o locador reajuste os aluguéis por todo o período da relação contratual.**

7. No caso, a solução que mais se coaduna com a boa-fé objetiva é permitir a atualização do valor do aluguel a partir da notificação extrajudicial encaminhada ao locatário e afastar a cobrança de valores pretéritos.

8. Recursos especiais não providos. (STJ, 2019f, grifos nossos)

Na situação anterior, a boa-fé objetiva foi atingida quando o locatário tenta impedir o locador de reajustar os valores do aluguel por todo o período da relação contratual. O Poder Judiciário foi o meio pelo qual o locador encontrou para rever a questão, conseguindo uma decisão no sentido de que, a partir da notificação do locatário, este passou a ter conhecimento de que seria necessário o reajuste do aluguel. Por omissão contratual, o locador agiu de boa-fé ao notificar o locatário a respeito dos reajustes do aluguel. Analisemos outro exemplo:

PROCESSUAL CIVIL E PREVIDENCIÁRIO. AÇÃO CIVIL PÚBLICA. LEGITIMIDADE DO MINISTÉRIO PÚBLICO FEDERAL. DEFESA DE IDOSOS E HIPOSSUFICIENTES. INGRESSO DA ORDEM DOS ADVOGADOS DO BRASIL NO FEITO NA QUALIDADE

DE ASSISTENTE. COMPETÊNCIA DA JUSTIÇA FEDERAL. HONORÁRIOS ADVOCATÍCIOS CONTRATUAIS. HONORÁRIOS EXCESSIVOS. LIMITAÇÃO A 30% (TRINTA POR CENTO) DO VALOR DA CONDENAÇÃO. **POSSIBILIDADE. BOA-FÉ OBJETIVA.** ESTATUTO DA ADVOCACIA. RAZOABILIDADE.

1. A hipótese dos autos trata da defesa de direitos individuais homogêneos de uma coletividade de pessoas determinadas ou determináveis que compartilharam prejuízos divisíveis e de origem comum, decorrentes da mesma situação fática, o que legitima a atuação do Ministério Público Federal.

2. A presença da Ordem dos Advogados do Brasil no feito atrai a competência da Justiça Federal para processamento e julgamento da ação. Precedente do STF (RE 595332, Relator(a): Min. MARCO AURÉLIO, Tribunal Pleno, julgado em 31/08/2016, ACÓRDÃO ELETRÔNICO REPERCUSSÃO GERAL-MÉRITO DJe-138 DIVULG 22-06-2017 PUBLIC 23-06-2017)

3. Os honorários advocatícios contratuais devem observar os parâmetros previstos no art. 36 do Código de Ética da Advocacia, entre eles a relevância, o vulto, a complexidade, o trabalho, o valor da causa, a condição econômica do cliente e o proveito para ele resultante do serviço profissional. **Não se afigura razoável e proporcional, em matérias previdenciárias de baixa complexidade, a fixação dos honorários contratuais em valores superiores a 30% (trinta por cento) da condenação, mormente diante do princípio da boa-fé processual e do que disciplina o art. 114 da Lei n. 8.213/91, o qual veda a cessão, venda ou constituição de qualquer ônus sobre as verbas oriundas de benefício previdenciário.**

4. Razoável, assim, a limitação dos honorários contratuais em até 30% (trinta por cento) do valor auferido pelos clientes do agravante nos processos de cunho previdenciário ou assistencial, ficando ao critério do advogado buscar, na via própria, eventuais valores remanescentes. Precedentes do Superior Tribunal de Justiça (REsp 1155200/DF, Rel. Ministro MASSAMI UYEDA, Rel. p/ Acórdão Ministra NANCY ANDRIGHI, TERCEIRA TURMA, julgado em 22/02/2011, DJe 02/03/2011).

5. Apelação provida. (TRF-1, 2018, grifos nossos)

No caso relatado, o advogado agiu com má-fé ao fixar seus honorários acima do razoável vulto à complexidade do trabalho prestado, principalmente em relação ao valor da causa e o proveito dos serviços prestados pelo advogado. Assim, o juiz entendeu ser razoável limitar os honorários devidos no patamar de 30%, garantindo a incidência da boa-fé objetiva.

Na jurisprudência a seguir, estão presentes os princípios da má-fé e da veracidade.

CIVIL. CONTRATO DE PRESTAÇÃO DE SERVIÇOS ADVOCATÍCIOS. FALSIDADE MATERIAL. PROVA PERICIAL. LITIGÂNCIA DE MÁ-FÉ. Incidente de falsidade material do contrato de prestação de serviços advocatícios oposto ainda na vigência do Código de Processo Civil de 1973 na ação de cobrança, no qual o Autor alega que o documento foi forjado pelo Réu. **O laudo pericial aponta inúmeras irregularidades no documento, como a qualificação do contratante com base em documento de identidade expedido em data posterior à celebração do** contrato. Caracterizada a falsidade, correta a sentença que a declara. A verificação da litigância de má-fé e a expedição de ofícios para OAB e Ministério Público se faz na lide principal, não neste incidente. Recurso desprovido. (TJ-RJ, 2018, grifo nosso)

Essa jurisprudência, além de assinalar os princípios da boa-fé objetiva e da veracidade, informa que as atitudes do advogado são ilícitas. O julgador determinou a expedição de ofício para a OAB para investigar a infração disciplinar e para o Ministério Público, a fim de verificar possível crime por falsificação de documento particular.

Os princípios da liberdade contratual e da boa-fé fundamentam o **princípio da autonomia da vontade**, que dá às partes contratantes a liberdade de assumir o compromisso contratual da forma expressa e por sua própria vontade. Para Hammerschmitt (2008, p. 70), o princípio da autonomia da vontade "está baseado na liberdade de contratar. Somente firma um contrato quem realmente quer fazê-lo. Esse é o espírito fundamental para contratar, ou seja, somente se submeterá às regras postas no contrato quem quer contratar".

Portanto, as partes têm livre arbítrio para estipular todas as cláusulas que farão parte do contrato da forma que melhor atender e convier às partes, por acordo de vontades, sempre considerando a ordem jurídica. Hammerschmitt (2008, p. 71) diz que a liberdade contratual constitui, portanto, o poder das partes estipular livremente, como melhor lhes convier, mediante acordo de vontades, a disciplina dos seus interesses, suscitando efeitos tutelados pela ordem jurídica.

Pelo princípio da autonomia da vontade pode-se criar o contrato. Ter-se-á, desse modo, a liberdade de contratar, de escolher com quem se quer contratar e de fixar o conteúdo do contrato, tudo limitado às normas, mas de ordem pública e aos princípios gerais do direito.

Nesse contexto, está inserido o **princípio do consentimento**, o qual dispõe sobre a vontade das partes em realizar o contrato. Um contrato deve ser realizado em consenso, com consentimento das partes sobre as cláusulas ali expressas, o objeto etc. Logo, se as partes consentirem com todas as cláusulas contratuais, submetem-se a todas as regras impostas no contrato. Diniz (2008, p. 208) acrescenta:

> O uso de um direito, poder ou coisa, além do permitido ou extrapolando as limitações jurídicas, lesando alguém, traz como efeito o dever de indenizar. Realmente, sob a aparência de um ato legal ou lícito, esconde-se a "ilicitude", ou melhor a antijuridicidade *sui generis* no resultado, por atentado ao princípio da boa-fé e aos bons costumes ou por desvio de finalidade socioeconômica para a qual o direito foi estabelecido.

Nesse contexto, o princípio da autonomia da vontade diz respeito à capacidade civil das partes em realizar o contrato.

Gomes (2008, p. 46) afirma que "todo o negócio jurídico pressupõe agente capaz, isto é, pessoa apta a realizá-lo. As regras da capacidade aplicam-se indistintamente aos negócios jurídicos unilaterais e bilaterais".

O Código Civil dispõe, em seu art. 1º, que "Toda pessoa é capaz de direitos e deveres na ordem civil". Os incapazes e relativamente incapazes são listados no art. 4º do Código Civil:

> Art. 4º São incapazes, relativamente a certos atos ou à maneira de os exercer: (Redação dada pela Lei nº 13.146, de 2015) (Vigência)
>
> I – os maiores de dezesseis e menores de dezoito anos;
>
> II – os ébrios habituais e os viciados em tóxico; (Redação dada pela Lei nº 13.146, de 2015) (Vigência)
>
> III – aqueles que, por causa transitória ou permanente, não puderem exprimir sua vontade; (Redação dada pela Lei n.º 13.146, de 2015) (Vigência)
>
> IV – os pródigos
>
> Parágrafo único. A capacidade dos indígenas será regulada por legislação especial. (Redação dada pela Lei n.º 13.146, de 2015) (Vigência) (Brasil, 2002)

Assim, se as partes são civilmente capazes, estão aptas a respeitar o **princípio da obrigatoriedade dos contratos**. Após a vinculação contratual, as partes devem cumprir com todas as obrigações assumidas nas cláusulas contratuais na forma pactuada.

A jurisprudência a seguir faz um resumo do que estamos comentando:

> RECURSO ESPECIAL. DIREITO DO CONSUMIDOR. AÇÃO COLETIVA. CUSTOS DE COBRANÇA. INFORMAÇÃO. LIBERDADE CONTRATUAL. LEGALIDADE. ART. 51, XII, DO CDC. RECIPROCIDADE. LIVRE PACTUAÇÃO. BOA-FÉ OBJETIVA. PROPORCIONALIDADE.
>
> 1. Cuida-se de ação coletiva proposta pela ANADEC contra a Editora Abril S.A., na qual aponta a ilegalidade da cobrança de R$ 1,13 (um real e treze centavos) por boletos bancários emitidos em virtude da assinatura de revistas, custo que alega pertencer exclusivamente à empresa.
>
> 2. O Código de Defesa do Consumidor assegura a possibilidade de ressarcimento dos custos de cobrança de determinada obrigação tanto ao fornecedor quanto ao consumidor (art. 51, XII, do CDC).
>
> 3. No caso, o consumidor, antes de formalizar o negócio jurídico com a Editora Abril (fornecedora), na fase pré-contratual, foi informado da faculdade de optar por uma das três formas de pagamento oferecidas pela empresa: **boleto bancário, débito em conta e débito no cartão de crédito.**
>
> 4. **Inexiste vantagem exagerada em decorrência da cobrança por carnê, em especial porque o boleto bancário não é imposto pelo fornecedor, mas, ao contrário, propicia ao consumidor uma comodidade, realizando a liberdade contratual e o dever de informação.**

5. Ausente a onerosidade excessiva, porquanto mantidos o equilíbrio contratual, a proporcionalidade do acréscimo cobrado do consumidor e a boa-fé objetiva do fornecedor.

6. Recurso especial não provido. (STJ, 2015, grifos nossos e do original)

Nessa jurisprudência, está expressa a incidência dos vários princípios que vimos citando: princípio da função social do contrato, da boa-fé objetiva, da liberdade contratual, da obrigatoriedade contratual, do consentimento, da veracidade e da autonomia contratual. É importante lembrar que de nada vale utilizar todos os princípios elencados se o objeto do negócio jurídico for ilícito – nesse caso, a consequência é uma só, a total nulidade contratual.

Para finalizarmos, é importante salientar que, para respeitar os princípios citados, se o objeto for lícito, as partes devem observar a forma da lei ao confeccionar o contrato. O formato deve seguir os dispositivos legais, em especial o que preceitua o CPC. Por exemplo, para que o contrato seja considerado um título executivo extrajudicial, deve seguir o disposto no inciso III do art. 784 do CPC, que preconiza:

> Art. 784. São títulos executivos extrajudiciais:
> [...]
> III – o documento particular assinado pelo devedor e por 2 (duas) testemunhas;

Assim, ao realizar o contrato de honorários advocatícios, o advogado não pode esquecer de nomear duas testemunhas ao final do contrato, para assinarem o contrato com as partes. As testemunhas dão validade jurídica ao contrato, tornando-o um título executivo extrajudicial. Essa simples atitude possibilita, em caso de inadimplência e/ou descumprimento da obrigação, executar o contrato (obrigação) via judicial. Por isso, sempre devemos tomar os cuidados devidos para o preenchimento correto do contrato, que são de suma importância para a validade do instrumento e para que cumpra com todos os princípios mencionados aqui.

— 3.3 —
Honorários de sucumbência

Segundo o dicionário Michaelis, a palavra *sucumbir* significa:

1. Cair sob a força ou o peso de; dobrar-se;

2. Não resistir; ceder;

3. Perder o vigor ou o ânimo; abater-se;

[...]

5. Ser abolido ou suprimido; cessar de existir;

5. Ceder diante das evidências de algo, render-se.

Para Hammerschmitt (2008, p. 50): "sucumbir é ser vencido, ser derrotado. Processualmente falando, sucumbe a parte que é condenada. Ao condenar, o juiz arbitra os honorários sucumbenciais".

O instituto da sucumbência advém da ideia de que o processo judicial, impetrado por um cidadão na tentativa de ver alcançado seus direitos lesados por outrem, em hipótese alguma poderá provocar prejuízo à parte que tem o direito lesado. Ou seja, o reconhecimento do direito não pode prejudicar o legítimo possuidor desse direito, por isso a parte que não tem razão é condenada a pagar as despesas e os honorários relacionados ao processo. Dessa forma, basta que o Estado declare que a parte tenha razão em seu direito para surgir de imediato a obrigação do direito aos honorários de sucumbência. Para Barbi (1999, p. 134),

> a justificação deste instituto está em que a atuação da lei não deve representar uma diminuição patrimonial para a parte a cujo favor se efetiva; por ser interesse do Estado que o emprego do processo não se resolva em prejuízo de quem tem razão, e por ser, de outro turno, interesse do comércio jurídico que os direitos tenham um valor tanto quanto possível nítido e constante.

No mesmo sentido, comenta Dinamarco (2002, p. 635):

> a razão ética legitimadora da obrigação de reembolsar o valor dos honorários da parte vencedora não é a sucumbência em si mesma. O que legitima a imposição dessa obrigação é o fato de o sujeito haver dado causa ao processo, com isso gerando para ao adversário a necessidade de contratar patrono e pagar.

Logo, os honorários são devidos à parte à qual o direito é legítimo. Não importa quem entrou com a ação; na definição dos honorários de sucumbência, o que importa é quem é legítimo possuidor do direito pleiteado. Desse modo, a parte contrária, a que perdeu o processo, deve indenizar a parte legitimada pela sentença.

A legalidade da cobrança dos honorários já está disposta nas legislações e nos estatutos da categoria há tempos. Com o advento do novo CPC, de 2015, os honorários ganharam um lugar de destaque no item *Seção III – Das despesas, dos honorários advocatícios e das multas*, regulando-se os honorários de forma mais objetiva. A seguir, reproduzimos o que está expresso no art. 82 do referido código:

> Art. 82. Salvo as disposições concernentes à gratuidade da justiça, incumbe às partes prover as despesas dos atos que realizarem ou requererem no processo, antecipando-lhes o pagamento, desde o início até a sentença final ou, na execução, até a plena satisfação do direito reconhecido no título.

§ 1º Incumbe ao autor adiantar as despesas relativas a ato cuja realização o juiz determinar de ofício ou a requerimento do Ministério Público, quando sua intervenção ocorrer como fiscal da ordem jurídica.

§ 2º A sentença condenará o vencido a pagar ao vencedor as despesas que antecipou. (Brasil, 2015, grifo nosso)

Esse artigo, portanto, explicita a obrigação do autor em antecipar as custas processuais até o fim do processo. Se for o vencedor, o vencido será obrigado a pagar as despesas processuais ao autor da demanda. Esse princípio também baseia o entendimento dos honorários de sucumbência, pois o vencido é punido com o pagamento dos honorários. O mesmo acontece com o autor, que, ao ver a ação vencida, arcará sozinho com as despesas que já recolheu antecipadamente.

O art. 85 do CPC preconiza:

Art. 85. A sentença condenará o vencido a pagar honorários ao advogado do vencedor.

§ 1º São devidos honorários advocatícios na reconvenção, no cumprimento de sentença, provisório ou definitivo, na execução, resistida ou não, e nos recursos interpostos, cumulativamente.

§ 2º Os honorários serão fixados entre o mínimo de dez e o máximo de vinte por cento sobre o valor da condenação, do proveito econômico obtido ou, não sendo possível mensurá-lo, sobre o valor atualizado da causa, atendidos:

I – o grau de zelo do profissional;

II – o lugar de prestação do serviço;

III – a natureza e a importância da causa;

IV – o trabalho realizado pelo advogado e o tempo exigido para o seu serviço. (Brasil, 2015, grifo nosso)

Esse artigo demonstra a legalidade dos honorários advocatícios de sucumbência. No parágrafo 3º, nos incisos de I a V, estabelece a porcentagem sobre os valores das condenações – em regra, quanto maior o valor da condenação, menor a porcentagem de honorários de sucumbência arbitrada pelo juiz. Os percentuais são aplicados pelo juiz na liquidação da sentença. Sempre serão considerados o grau de zelo do advogado, o lugar de prestação do serviço, a natureza e a importância da causa. O juiz ainda analisa o trabalho efetuado pelo advogado e o tempo exigido para seu serviço durante o trâmite processual.

O parágrafo 17 do artigo supracitado preconiza que os honorários de sucumbência são devidos mesmo quando o advogado atua em causa própria. Ou seja, o Judiciário entende que o advogado teve trabalho, perdeu tempo e deve ser ressarcido. A jurisprudência a seguir é autoexplicativa, pois faz um resumo do que abordamos a esse respeito:

> APELAÇÃO CÍVEL. AÇÃO DE ARBITRAMENTO DE ALUGUÉIS. HONORÁRIOS DE SUCUMBÊNCIA. FIXAÇÃO NO MÍNIMO LEGAL. ADVOGADA EM CAUSA PRÓPRIA. SENTENÇA MANTIDA.

1. Não há que se falar em honorários *pro rata*, quer dizer, em divisão proporcional, porque não houve sucumbência recíproca nos autos. Ao revés, o apelante ajuizou a ação de arbitramento de aluguéis em desfavor da apelada e foi vencido em todos requerimentos formulados.

2. **O art. 85, § 2º, do CPC, estipula que os honorários serão fixados entre o mínimo de dez e o máximo de vinte por cento sobre o valor da condenação, do proveito econômico obtido ou, não sendo possível mensurá-lo, como no caso dos autos, sobre o valor atualizado da causa, atendidos ainda: o grau de zelo do profissional, o lugar da prestação de serviço, a natureza e a importância da causa, o trabalho realizado pelo advogado e o tempo exigido para o seu serviço.**

3. **Nesse prisma, levando em consideração os critérios legais referidos, afigura-se, sim, equilibrada a fixação no percentual mínimo legal, como o foi. Ao contrário do que disse o apelante, a atuação da causídica apelada não esteve adstrita à contestação. Houve outras peças processuais elaboradas e juntadas aos autos, pelo que faz jus a recorrida aos honorários de sucumbência pelo trabalho que desempenhou.**

4. **De outra sorte, não é despiciendo destacar que o § 17 do mencionado art. 85 do CPC assegura que os honorários de sucumbência também serão devidos quando o advogado atuar em causa própria.**

5. RECURSO CONHECIDO E NÃO PROVIDO. (TJ-DF, 2020, grifo nosso)

Portanto, os honorários advocatícios sucumbenciais pertencem exclusivamente ao patrono da causa, ou seja, ao patrono vencedor da causa.

Existem algumas excludentes, como no caso dos advogados que prestam serviços aos entes públicos; eles estão diretamente submetidos a legislações e normatizações específicas, próprias dos órgãos que representam. Podemos destacar o caso das defensorias públicas, que, mesmo não tendo personalidade jurídica, recebem os honorários de sucumbência, como dispõe o art. 4º da Lei Complementar n. 80, de 12 de janeiro de 1994 (Brasil, 1994a), em seu inciso XXI, incluído pela Lei Complementar n. 132, de 7 de outubro de 2009:

> Art. 4º São funções institucionais da Defensoria Pública, dentre outras: [...]
>
> XXI - executar e receber as verbas sucumbenciais decorrentes de sua atuação, inclusive quando devidas por quaisquer entes públicos, destinando-as a fundos geridos pela Defensoria Pública e destinados, exclusivamente, ao aparelhamento da Defensoria Pública e à capacitação profissional de seus membros e servidores; (Brasil, 2009)

Nesse caso, os honorários de sucumbências dos defensores públicos são devidos à Defensoria Pública, e não à pessoa jurídica de direito público a que pertence (União, Distrito Federal e estados). Tal fato autorizou as defensorias públicas espalhadas pelo Brasil a terem um fundo orçamentário para sua própria sobrevivência, cumprindo sua função. Assim, mesmo não tendo personalidade jurídica, a lei passou a permitir o papel de credora para a Defensoria Pública na relação jurídica.

Com esse entendimento, resta evidenciado que as verbas referentes aos honorários de sucumbência não pertencem ao defensor público, mas à defensoria pública do estado. Isso se dá pelo fato de que o defensor público, no exercício de suas atividades profissionais, já está sendo devidamente remunerado pelo Estado, portanto não pode receber honorários advocatícios.

Esse entendimento mudou em 2020, por meio da 6.053 – Ação Direta de Inconstitucionalidade (ADI) n. 6.053. Nesse caso, o STF seguiu o voto do Ministro Alexandre de Moraes, o qual manteve decisão que reconhece o direito de advogados públicos de receber honorários sucumbenciais. Assim diz a ementa do referido acórdão:

> EMENTA: CONSTITUCIONAL E ADMINISTRATIVO.
>
> INTERDEPENDÊNCIA E COMPLEMENTARIDADE DAS NORMAS CONSTITUCIONAIS PREVISTAS NOS ARTIGOS 37, CAPUT, XI, E 39, §§4º E 8º, E DAS PREVISÕES ESTABELECIDAS NO TÍTULO IV, CAPÍTULO IV, SEÇÕES II E IV, DO TEXTO CONSTITUCIONAL. POSSIBILIDADE DO RECEBIMENTO DE VERBA DE HONORÁRIOS DE SUCUMBÊNCIA POR ADVOGADOS PÚBLICOS CUMULADA COM SUBSÍDIO. NECESSIDADE DE ABSOLUTO RESPEITO AO TETO CONSTITUCIONAL DO FUNCIONALISMO PÚBLICO.

1. A natureza constitucional dos serviços prestados pelos advogados públicos possibilita o recebimento da verba de honorários sucumbenciais, nos termos da lei. A CORTE, recentemente, assentou que "o art. 39, §4º, da Constituição Federal, não constitui vedação absoluta de pagamento de outras verbas além do subsídio" (ADI 4.941, Rel. Min. TEORI ZAVASCKI, Relator p/ acórdão, Min. LUIZ FUX, DJe de 7/2/2020).

2. Nada obstante compatível com o regime de subsídio, sobretudo quando estruturado como um modelo de remuneração por performance, com vistas à eficiência do serviço público, a possibilidade de advogados públicos perceberem verbas honorárias sucumbenciais não afasta a incidência do teto remuneratório estabelecido pelo art. 37, XI, da Constituição Federal.

3. AÇÃO PARCIALMENTE PROCEDENTE. (STF, 2020)

Desse modo, ficou reconhecido o direito dos advogados públicos de receber os honorários de sucumbência no limite constante no art. 37, XI, da Constituição Federal, os quais devem somados aos proventos dos advogados públicos. A soma não pode passar do teto remuneratório estabelecido constitucionalmente para os servidores de cada esfera da federação.

— 3.4 —
Honorários contratuais

Nem sempre é fácil para o advogado efetuar a cobrança dos honorários advocatícios. Os escritórios regionais da OAB disponibilizam uma tabela de valores de honorários, com um valor de referência, ou seja, o mínimo que deve ser cobrado. Portanto, tais valores podem variar conforme a experiência e a capacidade profissional do advogado. Cada seção da OAB tem sua tabela de referência de honorários. Eis um exemplo.

Tabela de honorários advocatícios da OAB Paraná

Como exemplo, analisemos a tabela da OAB-PR de 5 de março de 2020.

Uma notificação extrajudicial, nesse estado, tem o valor mínimo de R$ 930,00. Dependendo do escritório e da experiência do profissional (advogado), o valor do serviço pode chegar, por exemplo, a R$ 3.000,00.

Outra situação corriqueira é no caso de divórcio. O divórcio com bens, nessa tabela de exemplo, tem o valor de referência de R$ 5.220,00 e o mínimo de 10% do valor da meação. Caso o cliente tenha capacidade financeira boa, muitos bens a partilhar e o advogado seja experiente, com certeza o valor cobrado não será o disponibilizado na tabela.

Existem situações de divórcios e partilhas de bens que a meação é milionária e o advogado trabalha intensamente. Muitas vezes, esses processos são litigiosos, levam anos; por isso, ao final, nada mais justo do que o advogado ganhar uma porcentagem da meação dos bens (a média é 10% da meação).

A seguir, apresentamos a tabela de honorários do exemplo em análise.

Quadro A – Valores da tabela de honorários advocatícios da OAB/PR

Arrolamento e inventário judicial	Percentual mínimo	Valor
Inventário judicial consensual	5% sobre o valor real dos bens	R$ 4.847,87
Inventário judicial não consensual	10% sobre a meação ou o quinhão do cliente	R$ 3.635,90

Fonte: OAB-PR, 2020.

No entanto, em casos mais simples (pessoas mais humildes), não é possível cobrar a porcentagem sugerida na tabela. O advogado tem de analisar a situação, podendo cobrar valores fixos e/ou porcentagens menores, de modo a se adequar à realidade financeira do cliente.

É importante ter em mente que os honorários advocatícios são personalíssimos, ou seja, para se definir o valor, devem ser considerados a trajetória profissional do advogado, seu conhecimento, sua experiência e sua reputação.

Existem vários tipos de honorários. Agora trataremos da forma de cobrança dos honorários advindos de contratos de honorários advocatícios. Algumas demandas levam anos para que o processo transite em julgado, e essa morosidade faz alguns clientes se esquecerem do acordo pactuado com o advogado no momento da contratação. Nesses casos, quando o advogado chama para acertar os valores, o cliente cria caso, briga e tenta macular a imagem do advogado.

Por isso, é importante que exista um contato frequente do advogado com o cliente, sempre lembrando das obrigações assumidas por ambas as partes no contrato de honorários advocatícios. Infelizmente, há pequenos escritórios que realizam serviços e pactuam acordos contratuais de forma verbal, na base da confiança. Mesmo sendo uma tradição, adotada por muito tempo, essa prática não se adequa à realidade contemporânea.

Quando o advogado chama um cliente para assinar um contrato e ele não aceita, é melhor não fechar o serviço. É melhor perder o trabalho do que acabar trabalhando e, ao final, não receber os honorários devidos. Nesse sentido, devemos lembrar que o contrato de honorários precisa ser assinado pelo contratante (cliente), pelo contratado (advogado) e por duas testemunhas, atendendo ao disposto no art. 784 do CPC, pois somente assim terá validade jurídica.

Apesar disso, a assinatura do cliente não garante que ele pagará os valores pactuados. No entanto, quando o cliente assina o contrato, passa a existir a possibilidade de execução do contrato em caso de inadimplência. O contrato será resolvido por meio do disposto nos princípios já abordados e com base no Código Civil (Brasil, 2002), já que é um título executivo extrajudicial, conforme disposto no art. 784, III, do CPC.

O contrato de honorários advocatícios é ainda mais importante nos casos em que o advogado ganha pelo resultado do trabalho. Nessas situações, é preciso fazer a procuração com poderes para realizar acordos, receber, pagar etc. e, principalmente, para fazer levantamento de alvarás judiciais. Dessa forma, ao final do processo, o advogado poderá pedir o levantamento total dos valores referentes à condenação e fazer o acerto com o cliente.

Além dos cuidados já mencionados, o advogado deve ficar atento aos acordos pactuados em juízo. Em muitas situações, os clientes de má-fé se utilizam de artimanhas para não cumprirem o acordado, acusando o advogado de infringir o Estatuto de Ética da OAB. Por isso, os acordos judiciais devem ser bem redigidos e ter cláusula específica referente aos honorários advocatícios.

Sabemos que, em alguns casos, os clientes passam por dificuldade e acabam atrasando o pagamento dos valores devidos. Se comprovada essa situação, nada impede que o advogado parcele os valores devidos, com a incidência de juros e correção monetária, pois os honorários têm natureza alimentar.

Ao se tornar advogado, além do amor pela profissão, o objetivo final dos profissionais do direito é ser remunerado pela prestação do serviço. O valor a ser cobrado como honorários advocatícios deve recompensar o esforço e as qualificações do advogado e ser condizente com a capacidade financeira do cliente. O tempo gasto nas atividades é importante para o resultado do processo.

Há vários tipos de serviços advocatícios: alguns têm valores fixos; outros são cobrados pelo resultado do serviço; em alguns casos, os clientes pagam um valor mensal para que o escritório/ advogado acompanhe um número determinado de processos. Além disso, a complexidade de certas causas pode exigir que o advogado cobre um valor fixo e um valor extra pelo resultado do processo. Todas essas modalidades devem estar devidamente combinadas com o cliente e formalmente expressas no contrato de honorários, assinado pelas partes e por testemunhas.

Diversificação da carteira de cliente e sustentabilidade do negócio advocatício

Para a sustentabilidade do negócio, o escritório ou advogado deve procurar diversificar sua carteira de clientes. Não é uma boa ideia ficar amarrado a um único cliente, pois, caso ele rompa o contrato, o profissional perderá sua renda integral. Por isso, é importante ter uma carteira com vários clientes; assim, se for dispensado por um, o escritório ou advogado terá tempo de recuperar-se e angariar outros clientes.

No entanto, lucrar com os serviços advocatícios não é tão simples. Ao montar um escritório, o advogado assume várias despesas diretas: aluguel, empregados, manutenção de plataformas e redes sociais, energia, internet, telefonia etc. Ainda existem as despesas indiretas, como transporte e alimentação.

Portanto, um planejamento financeiro é necessário, além de conhecer a realidade das finanças do escritório e da própria despesa no caso de advogado autônomo. Conhecendo também o perfil da clientela, seu trabalho, a competência de seus colaboradores, o advogado poderá fazer sua própria tabela de preços.

Sobre os honorários advocatícios, o Código de Ética e Disciplina da OAB, em seu Capítulo IX, art. 48, dispõe o seguinte:

> Art. 48. A prestação de serviços profissionais por advogado, individualmente ou integrado em sociedades, será contratada, preferentemente, por escrito.
>
> **§ 1º O contrato de prestação de serviços de advocacia não exige forma especial, devendo estabelecer, porém, com clareza e precisão, o seu objeto, os honorários ajustados, a forma de pagamento, a extensão do patrocínio, esclarecendo se este abrangerá todos os atos do processo ou limitar-se-á a determinado grau de jurisdição, além de dispor sobre a hipótese de a causa encerrar-se mediante transação ou acordo** (OAB, 2015, grifo nosso)

Logo, não exige forma especial para redigir o contrato de honorários advocatícios. Entretanto, o advogado deve ser claro e preciso. Deve explicitar o objeto do contrato (para que foi contratado) e as formas de pagamento; se está sendo contratado para atender a apenas um ato, ou parte do processo (alguns atos), ou todos os atos processuais, além do grau de jurisdição em que vai atuar. Deve colocar no acordo que existe a possibilidade de o processo se encerrar mediante transação e/ou acordo.

Ademais, no contrato deve constar que, no final do processo, deve receber os valores referentes aos honorários advocatícios. É dessa forma que o parágrafo 2º do art. 48 preconiza:

> Art. 48 [...]
>
> [...]
>
> § 2º A compensação de créditos, pelo advogado, de importâncias devidas ao cliente, somente será admissível quando o contrato de prestação de serviços a autorizar ou quando houver autorização especial do cliente para esse fim, por este firmada. (OAB, 2015)

Em vários processos, há a necessidade de perícia técnica especializada, de serviços auxiliares para comprovação do direito pleiteado. O advogado pode antecipar algumas despesas referentes a viagens, custas e emolumentos. Tais despesas deverão ser pagas pelo cliente mediante comprovação:

> Art. 48 [...]
>
> [...]
>
> § 3º O contrato de prestação de serviços poderá dispor sobre a forma de contratação de profissionais para serviços auxiliares, bem como sobre o pagamento de custas e emolumentos,

os quais, na ausência de disposição em contrário, presumem-se devam ser atendidos pelo cliente. Caso o contrato preveja que o advogado antecipe tais despesas, ser-lhe-á lícito reter o respectivo valor atualizado, no ato de prestação de contas, mediante comprovação documental. (OAB, 2015)

Caso não esteja expresso no contrato e/ou o advogado não comprove o pagamento, não poderá reter os respectivos valores no ato da prestação de contas.

O parágrafo 4º desse artigo acrescenta: "As disposições deste capítulo aplicam-se à mediação, à conciliação, à arbitragem ou a qualquer outro método adequado de solução dos conflitos". Já o parágrafo 5º é claro em citar: "É vedada, em qualquer hipótese, a diminuição dos honorários contratados em decorrência da solução do litígio por qualquer mecanismo adequado de solução extrajudicial". Outrossim, independentemente de terem sido empregado meio extrajudicial para a solução breve do litígio, os honorários serão mantidos conforme contrato prévio. Eis aí a razão para deixar essa situação expressa no contrato, evitando aborrecimentos.

Por sua vez, parágrafo 6º é muito importante para a defesa da classe:

> Art. 48 [...]
>
> [...]
>
> § 6º Deverá o advogado observar o valor mínimo da Tabela de Honorários Advocatícios instituída pelo respectivo Conselho

Seccional onde for realizado o serviço, inclusive aquele referente às diligências, sob pena de caracterizar-se aviltamento de honorários. (OAB, 2015)

Em poucas palavras, tal parágrafo pretende proteger a classe advocatícia com uma referência mínima para que não ocorra a desvalorização dos serviços prestados pelos advogados e para que a classe seja devidamente valorizada no mercado.

O parágrafo 7º estabelece que o advogado "promoverá, preferentemente, de forma destacada a execução dos honorários contratuais ou sucumbenciais". Portanto, no contrato deve estar clara, em caso de inadimplência, a possibilidade de execução dos valores referentes aos honorários.

O art. 49 do mesmo diploma legal acrescenta que os "honorários devem ser fixados com moderação". Para tanto, o advogado deve atender aos seguintes quesitos:

I – a relevância, o vulto, a complexidade e a dificuldade das questões versadas;

II – o trabalho e o tempo a ser empregados;

III – a possibilidade de ficar o advogado impedido de intervir em outros casos, ou de se desavir com outros clientes ou terceiros;

IV – o valor da causa, a condição econômica do cliente e o proveito para este resultante do serviço profissional;

V – o caráter da intervenção, conforme se trate de serviço a cliente eventual, frequente ou constante;

VI - o lugar da prestação dos serviços, conforme se trate do domicílio do advogado ou de outro;

VII - a competência do profissional;

VIII - a praxe do foro sobre trabalhos análogos. (OAB, 2015)

Assim, devem ser observados todos esses critérios citados anteriormente: a complexidade do trabalho, o trabalho e o tempo, a exclusividade e a possibilidade de acarretar perda (ou aborrecimentos) de outros clientes, o valor da causa, as condições financeiras do cliente, o resultado da demanda para seu cliente, se vai ser exercido na comarca em que o advogado atua ou em comarca longínqua etc. Ao fixar os valores de honorários, o profissional, portanto, deve estar ciente de todas as possibilidades da demanda, tanto judiciais quanto extrajudiciais.

Em algumas causas, pode o advogado inserir a cláusula *quota litis*, utilizada para definir a contraprestação dos serviços prestados com base nos resultados financeiros obtidos ao final da demanda pelo cliente. Tal possibilidade está disposta no art. 50 da resolução citada:

> Art. 50. Na hipótese da adoção de cláusula *quota litis*, os honorários devem ser necessariamente representados por pecúnia e, quando acrescidos dos honorários da sucumbência, não podem ser superiores às vantagens advindas a favor do cliente.
>
> § 1º A participação do advogado em bens particulares do cliente só é admitida em caráter excepcional, quando esse, comprovadamente, não tiver condições pecuniárias de satisfazer o

> débito de honorários e ajustar com o seu patrono, em instrumento contratual, tal forma de pagamento.
>
> § 2º Quando o objeto do serviço jurídico versar sobre prestações vencidas e vincendas, os honorários advocatícios poderão incidir sobre o valor de umas e outras, atendidos os requisitos da moderação e da razoabilidade. (OAB, 2015)

Logo, é permitido ao advogado, em caráter excepcional, aceitar bens particulares dos clientes de modo a compensar os honorários. Tal situação deve estar devidamente pactuada no contrato de honorários, sob pena de o advogado ser responsabilizado.

O parágrafo 2º desse artigo é recorrente nas ações de execução alimentares e de execução de contratos de obrigação de fazer, momento em que o advogado pode cobrar honorários sobre o proveito final (sobre o que o cliente hipoteticamente receber no curso da demanda).

O art. 51 trata da possibilidade de execução dos honorários advocatícios, tanto contratuais quanto sucumbenciais:

> Art. 51. Os honorários da sucumbência e os honorários contratuais, pertencendo ao advogado que houver atuado na causa, poderão ser por ele executados, assistindo-lhe direito autônomo para promover a execução do capítulo da sentença que os estabelecer ou para postular, quando for o caso, a expedição de precatório ou requisição de pequeno valor em seu favor.

§ 1º No caso de substabelecimento, a verba correspondente aos honorários da sucumbência será repartida entre o substabelecente e o substabelecido, proporcionalmente à atuação de cada um no processo ou conforme haja sido entre eles ajustado.

§ 2º Quando for o caso, a Ordem dos Advogados do Brasil ou os seus Tribunais de Ética e Disciplina poderão ser solicitados a indicar mediador que contribua no sentido de que a distribuição dos honorários da sucumbência, entre advogados, se faça segundo o critério estabelecido no § 1º.

§ 3º Nos processos disciplinares que envolverem divergência sobre a percepção de honorários da sucumbência, entre advogados, deverá ser tentada a conciliação destes, preliminarmente, pelo relator. (OAB, 2015)

Em outros termos, é um direito autônomo do advogado interpor ação de execução (do capítulo da sentença) e/ou para postular quando for o caso. Assim, não depende da vontade do cliente entrar com a execução dos honorários devidos, contratuais ou sucumbenciais. Antes de promover arbitramento e/ou ação de cobrança judicial dos honorários, o advogado deve renunciar ao mandato (procuração) outorgado pelo cliente que está inadimplente. Assim determina o art. 54: "Havendo necessidade de promover arbitramento ou cobrança judicial de honorários, deve o advogado renunciar previamente ao mandato que recebera do cliente em débito".

É importante salientar que os créditos de honorários advocatícios não são negociáveis no mercado financeiro. O advogado até pode emitir fatura; entretanto, esta não pode ser levada a protesto. Em contrapartida, caso sejam emitidos promissórias e/ou cheques pelo cliente ao advogado, estes podem ser levados a protesto após restarem infrutíferas todas as tentativas de recebê-los. Nesse sentido, tem-se o disposto no art. 52:

> Art. 52. O crédito por honorários advocatícios, seja do advogado autônomo, seja de sociedade de advogados, não autoriza o saque de duplicatas ou qualquer outro título de crédito de natureza mercantil, podendo, apenas, ser emitida fatura, quando o cliente assim pretender, com fundamento no contrato de prestação de serviços, a qual, porém, não poderá ser levada a protesto.
>
> Parágrafo único. Pode, todavia, ser levado a protesto o cheque ou a nota promissória emitido pelo cliente em favor do advogado, depois de frustrada a tentativa de recebimento amigável. (OAB, 2015)

O advogado ou a sociedade advocatícia pode empregar sistemas eletrônicos para o recebimento dos honorários devidos:

> Art. 53. É lícito ao advogado ou à sociedade de advogados empregar, para o recebimento de honorários, sistema de cartão de crédito, mediante credenciamento junto a empresa operadora do ramo.
>
> Parágrafo único. Eventuais ajustes com a empresa operadora que impliquem pagamento antecipado não afetarão a responsabilidade do advogado perante o cliente, em caso de rescisão do contrato de prestação de serviços, devendo ser observadas as disposições deste quanto à hipótese. (OAB, 2015)

Depois de o cliente pagar o advogado pelo sistema eletrônico (desde que devidamente realizado o contrato), aquele pode responsabilizar o profissional do direito sobre o serviço contratado, além de garantir hipotética devolução (em caso de desacordo por falha na prestação de serviço e/ou renúncia) de valores se houve pagamento antecipado (tudo conforme o estabelecido no contrato pactuado).

— 3.5 —
Honorários arbitrados ao defensor dativo

No Brasil, o acesso à justiça de forma ampla e irrestrita é um direito pátrio garantido pelo art. 5º, inciso XXXV, da Constituição de 1988, e direito fundamental de todos os cidadãos brasileiros e estrangeiros residentes do país que necessitem reivindicar seus direitos. Assim diz o inciso citado: "a lei não excluirá da apreciação do Poder Judiciário lesão ou ameaça a direito". Esse trecho faz referência, portanto, ao conhecido **princípio do controle jurisdicional** ou **princípio do direito de ação** (direito de peticionar).

Em suma, o Estado garante ao cidadão a busca de seus direitos por meio de ação. O cidadão tem o direito de movimentar o Judiciário sempre que considerar ameaçado o direito e/ou a garantia de seu direito. Assim, a busca pela proteção dos direitos individuais e coletivos amplia o exercício da cidadania, o que garante a ordem social em um Estado Democrático de Direito.

Sobre o conceito de acesso à justiça, vale lembrarmos as palavras de Cappelletti e Garth (1988, p. 9):

> O conceito de acesso à justiça tem sofrido uma transformação importante, correspondente a uma mudança equivalente no estudo e ensino do processo civil. Nos estados liberais "Burgueses" dos séculos dezoito e dezenove, os procedimentos adotados para a solução dos litígios civis refletiam a filosofia essencialmente individualista dos direitos, então vigorante. Direito ao acesso à proteção judicial significava essencialmente o direito formal do indivíduo agravado de propor ou contestar uma ação. A teoria era a de que, embora o acesso à justiça pudesse ser um "direito natural", os direitos naturais não necessitavam de uma ação do Estado para a sua proteção. Esses direitos eram considerados anteriores ao Estado; sua preservação exigia apenas que o Estado não permitisse que eles fossem infringidos por outros.

O direito ao acesso à justiça tem de ser interpretado como um direito natural, que já nasce com o ser humano, que não necessita da ação do Estado para sua proteção. Assim, esse direito deve ser preservado pelo Estado, o qual tem a função de proteger seus cidadãos, permitindo a solução dos conflitos de forma rápida e eficaz e que estes possam contestar e propor ações perante qualquer juízo da nação.

Nesse contexto, o acesso à justiça no Brasil é realizado por intermédio de advogados, defensores públicos e promotores de justiça. Cumpre à Defensoria Pública prestar orientações jurídicas e exercer a defesa dos cidadãos necessitados, atuando em todos os graus de jurisdição do Judiciário.

No entanto, em muitas cidades brasileiras inexistem defensorias públicas, em outras o quadro de defensores públicos não é suficiente para atender à demanda por assistência jurídica gratuita. Quando não existem defensores públicos suficientes, os juízes nomeiam **advogados (defensores) dativos** para atuar nas causas. Ainda há casos em que o juiz nomeia o advogado dativo antes mesmo de o cliente comprovar se tem ou não condições de pagar as custas processuais e os honorários advocatícios. Nessas situações, se for constatado que o cidadão tem condições de pagar as custas e os honorários, ele será obrigado a pagar pelos honorários do defensor dativo.

O advogado dativo não pertence à Defensoria Pública, entretanto exerce por indicação o papel do defensor público. Ao nomear o advogado dativo, o Estado não está se vinculando formalmente a ele, ou seja, o advogado não terá nenhum vínculo trabalhista com o Estado e não será em nenhum momento comparado ao servidor público, nem reconhecido como tal, não podendo reivindicar direitos atribuídos ao servidor público.

Nessa situação, a OAB disponibiliza ao Poder Judiciário uma lista de advogados que, de livre e espontânea vontade, colocaram-se à disposição para atender como advogado dativo. No final de cada ano, os profissionais se inscrevem nessa lista por área de atuação (criminal, família, cível etc.), ficando à disposição dos juízes, que podem nomeá-los de acordo com essa lista.

Nos municípios em que não há subseções da OAB, as nomeações de advogado dativo são realizadas pelo próprio juiz, que indica o advogado da comarca para atuar na causa do cidadão hipossuficiente.

O Estatuto da Advocacia e da OAB determina:

> Art. 22. A prestação de serviço profissional assegura aos inscritos na OAB o direito aos honorários convencionados, aos fixados por arbitramento judicial e aos de sucumbência.
>
> **§ 1º O advogado, quando indicado para patrocinar causa de juridicamente necessitado, no caso de impossibilidade da Defensoria Pública no local da prestação de serviço, tem direito aos honorários fixados pelo juiz, segundo tabela organizada pelo Conselho Seccional da OAB, e pagos pelo Estado.**
> (Brasil, 1994b, grifo nosso)

Após o patrocínio, o juiz em sentença arbitra um valor pelo trabalho realizado pelo advogado dativo. O valor deve considerar o tempo, a dificuldade e o zelo que o advogado teve durante o processo, além dos valores sugeridos pela tabela do Conselho Seccional da OAB. Depois de prolatada a sentença, o advogado deve executar os valores referentes aos honorários advocatícios, para que o Estado pague pelos trabalhos.

Muitos juízes não utilizam a tabela para arbitrar os valores. Às vezes, os valores são inferiores; às vezes, superiores. As jurisprudências entendem que as tabelas da OAB não vinculam os magistrados no momento de arbitrar os valores dos honorários.

A Tese 984 do recurso repetitivo assim firmou:

> Obrigatoriedade ou não de serem observados, em feitos criminais, os valores estabelecidos na tabela organizada pelo respectivo Conselho Seccional da Ordem dos Advogados a título de verba advocatícia devida a advogados dativos.
>
> [...]
>
> 1ª) As tabelas de honorários elaboradas unilateralmente pelos Conselhos Seccionais da OAB não vinculam o magistrado no momento de arbitrar o valor da remuneração a que faz jus o defensor dativo que atua no processo penal; servem como referência para o estabelecimento de valor que seja justo e que reflita o labor despendido pelo advogado;
>
> 2ª) Nas hipóteses em que o juiz da causa considerar desproporcional a quantia indicada na tabela da OAB em relação aos esforços despendidos pelo defensor dativo para os atos processuais praticados, poderá, motivadamente, arbitrar outro valor;
>
> 3ª) São, porém, vinculativas, quanto aos valores estabelecidos para os atos praticados por defensor dativo, as tabelas produzidas mediante acordo entre o Poder Público, a Defensoria Pública e a seccional da OAB.

4ª) Dado o disposto no art. 105, parágrafo único, II, da Constituição da República, possui caráter vinculante a Tabela de Honorários da Justiça Federal, assim como tabelas similares instituídas, eventualmente, pelos órgãos competentes das Justiças dos Estados e do Distrito Federal, na forma dos arts 96, I, e 125, § 1.º, parte final, da Constituição da República. (STJ, 2019f)

Em seu voto, o Ministro do Superior Tribunal de Justiça (STJ) Rogério Schietti Cruz afirmou que a orientação "é justificada pela relevante necessidade de definição de critérios mais isonômicos de fixação dos honorários, e menos onerosos aos cofres públicos, sem prejuízo da necessidade de assegurar a dignidade da advocacia e o acesso à justiça pelos hipossuficientes" (STJ, 2019g). O ministro ainda ressaltou a disparidade entre as tabelas de cada estado fornecidas pela OAB: para impetrar um *Habeas Corpus* em um estado, o valor de referência é R$ 11.000,00; em outro estado, é R$ 5.000,00.

Em resumo, o interesse público deve prevalecer sobre os interesses de mercado e os particulares e privados dos advogados, pois, ao ser nomeado como dativo, o advogado passa a realizar o trabalho do defensor público para o hipossuficiente, devendo respeitar os princípios que regem a atividade pública.

"A utilização da expressão 'segundo tabela organizada', prevista no primeiro parágrafo, deve ser entendida como referencial, na medida em que não se pode impor à administração o pagamento de remuneração com base em tabela produzida unilateralmente por entidade representativa de classe de natureza privada, como contraprestação de serviços oferecidos, fora das hipóteses legais de contratação pública", declarou o ministro.

Para ele, a expressão "não podendo ser inferiores", contida no parágrafo segundo, tem o objetivo de resguardar a pretensão do advogado particular que não ajustou o valor devido pela prestação dos seus serviços.

"Tudo isso a reforçar a percepção – a meu sentir bem clara – de que, sob qualquer formato (convencional, por arbitramento, por sucumbência), os honorários não podem se distanciar de critérios de razoabilidade e, mais ainda quando envolvem dinheiro público, critérios de economicidade", afirmou. Dessa forma, o relator concluiu que a tabela da OAB deve servir como referencial para o magistrado extrair o valor a ser estipulado como honorários do profissional que colabora com a Justiça criminal. (STJ, 2019g)

Consideremos a jurisprudência da Corte:

> EMBARGOS DE DECLARAÇÃO NO AGRAVO REGIMENTAL NO AGRAVO EM RECURSO ESPECIAL. ATRIBUIÇÃO DE EFEITOS MODIFICATIVOS A RECURSO INTEGRATIVO ANTE SUPERVENIENTE FIXAÇÃO DE TESE EM SEDE DE RECURSO ESPECIAL REPETITIVO. POSSIBILIDADE. VALOR DOS HONORÁRIOS

DEVIDOS AO DEFENSOR DATIVO. MATÉRIA DECIDIDA EM RECURSO ESPECIAL REPETITIVO N.º 1.656.322/SC (TEMA N.º 984/STJ). EMBARGOS DE DECLARAÇÃO ACOLHIDOS, COM EFEITOS MODIFICATIVOS.

1. Nos termos do art. 619 do Código de Processo Penal, os embargos de declaração destinam-se a sanar ambiguidade, suprir omissão, afastar obscuridade ou eliminar contradição eventualmente existentes no julgado, o que não ocorreu na hipótese.

2. Todavia, a jurisprudência desta Corte Superior de Justiça, em caráter excepcional, admite a atribuição de efeitos modificativos a recurso integrativo nas hipóteses em que o provimento judicial embargado destoa de orientação superveniente fixada pelo Supremo Tribunal Federal ou pelo Superior Tribunal de Justiça, respectivamente, em sede de repercussão geral ou de recurso especial repetitivo.

3. A Terceira Seção do Superior Tribunal de Justiça, quando do julgamento do REsp n.º 1.656.322/SC, apreciado sob o rito dos recursos especiais repetitivos, firmou as seguintes teses (Tema n.º 984/STJ): "1ª) As tabelas de honorários elaboradas unilateralmente pelos Conselhos Seccionais da OAB não vinculam o magistrado no momento de arbitrar o valor da remuneração a que faz jus o defensor dativo que atua no processo penal; servem como referência para o estabelecimento de valor que seja justo e que reflita o labor despendido pelo advogado; **2ª) Nas hipóteses em que o juiz da causa considerar**

desproporcional a quantia indicada na tabela da OAB em relação aos esforços despendidos pelo defensor dativo para os atos processuais praticados, poderá, motivadamente, arbitrar outro valor; 3ª) São, porém, vinculativas, quanto aos valores estabelecidos para os atos praticados por defensor dativo, as tabelas produzidas mediante acordo entre o Poder Público, a Defensoria Pública e a seccional da OAB; 4ª) Dado o disposto no art. 105, parágrafo único, II, da Constituição da República, possui caráter vinculante a Tabela de Honorários da Justiça Federal, assim como tabelas similares instituídas, eventualmente, pelos órgãos competentes das Justiças dos Estados e do Distrito Federal, na forma dos arts 96, I, e 125, § 1º, parte final, da Constituição da República."

4. Embargos de declaração acolhidos, com efeitos modificativos. (STJ, 2019c, grifo nosso)

Logo, cabe ao juiz da causa arbitrar os honorários advocatícios segundo os aspectos que orbitam o caso concreto, ou seja, a dificuldade, o tempo de duração, o zelo etc., não sendo obrigado a se vincular à tabela organizada pela OAB. No entanto, como bem citado na jurisprudência anterior, as tabelas para atos praticados por advogados dativos serão vinculativas desde que exista um acordo entre o Poder Público, a Defensoria Pública e a seccional da OAB para a produção de tal tabela de referência, com amparo nos arts. 96, I, e 105, parágrafo único, II, da Constituição Federal.

— 3.5.1 —
Execução dos honorários arbitrados

Após arbitrados os honorários em sentença, o advogado com a certidão de honorários arbitrados de dativo fará a execução dos valores. A sentença que arbitrou os honorários é um título executivo judicial.

As ações de execução de títulos judiciais de honorários advocatícios de advogado dativo devem ser interpostas perante a Vara da Fazenda Pública, pois no polo passivo está como executado o Estado. A execução processual se dá pelo rito do art. 786 do CPC, que preleciona:

> Art. 786. A execução pode ser instaurada caso o devedor não satisfaça a obrigação certa, líquida e exigível consubstanciada em título executivo.

Na execução, o advogado dativo pode pleitear um ou mais arbitramentos de honorários. Na maioria das vezes, o advogado espera acumular mais de uma atuação para executá-las. A petição deve conter a qualificação das partes, os fatos que embasam o pedido e os fundamentos e estar acompanhada de cada decisão que arbitrou os honorários. É importante ressaltar que a execução independe do trânsito em julgado da demanda em que foram arbitrados os honorários, tendo em vista o caráter de verba alimentar destes e o fato de que em nada se confundem com o mérito da ação, conforme o art. 24 do Estatuto da OAB. Eis a jurisprudência:

EMENTA: EXECUÇÃO. HONORÁRIOS ADVOCATÍCIOS. EXEQUENTE PRETENDE A EXECUÇÃO DE HONORÁRIOS ADVOCATÍCIOS FIXADOS EM SENTENÇA PELA ATUAÇÃO COMO DEFENSOR DATIVO. EXECUTADO, ESTADO DO PARANÁ, OPÔS EMBARGOS À EXECUÇÃO PRETENDENDO A INEXIGIBILIDADE DO TÍTULO, VEZ QUE NÃO HÁ CERTIDÃO DE TRÂNSITO EM JULGADO E QUE O EMBARGADO NÃO DEMONSTROU O ATO DE NOMEAÇÃO NOS AUTOS 2010.33-0. SENTENÇA DE IMPROCEDÊNCIA. ENTENDEU QUE A SENTENÇA CONDENATÓRIA QUE FIXA O VALOR DOS HONORÁRIOS É CONSIDERADA TÍTULO EXECUTIVO E QUE HÁ CERTIDÃO QUE COMPROVOU A NOMEAÇÃO. INSURGÊNCIA RECURSAL DO EMBARGANTE. CINGE A CONTROVÉRSIA RECURSAL EM ESTABELECER SE É NECESSÁRIA A APRESENTAÇÃO DE CERTIDÃO DE TRÂNSITO EM JULGADO PARA A CONSTITUIÇÃO DE SENTENÇA QUE FIXA HONORÁRIOS EM TÍTULO EXECUTIVO. VEJA-SE QUE O ART. 24 DO ESTATUTO DA ORDEM DOS ADVOGADOS DO BRASIL É CLARO AO CONSIDERAR A DECISÃO JUDICIAL QUE FIXAR OU ARBITRAR HONORÁRIOS. TÍTULO EXECUTIVO. NESSE PASSO, TEM-SE QUE NÃO É NECESSÁRIA CERTIDÃO DE TRÂNSITO EM JULGADO PARA TORNAR O TÍTULO EXEQUÍVEL. PRECEDENTES JURISPRUDENCIAIS: DIREITO PROCESSUAL CIVIL. HONORÁRIOS ADVOCATÍCIOS. DEFENSOR DATIVO. DESNECESSIDADE DO TRÂNSITO EM JULGADO DAS AÇÕES PARA A EXIGIBILIDADE DOS VALORES. VALOR FIXADO INDEPENDE DO RESULTADO DA DEMANDA. A) OS HONORÁRIOS DO DEFENSOR DATIVO SÃO FIXADOS PARA REMUNERAR O ADVOGADO NOMEADO PELO ESTADO PARA DEFENDER AS PESSOAS SEM CONDIÇÕES DE CONSTITUIR PATRONO E SERÃO DEVIDOS

CASO A DEFESA TENHA ÊXITO OU NÃO. B) DIFERENTEMENTE DOS HONORÁRIOS DE SUCUMBÊNCIA, O VALOR FIXADO COMO HONORÁRIOS DO DEFENSOR DATIVO NÃO SE ALTERA AINDA QUE A SENTENÇA SEJA REFORMADA, PORTANTO, DESNECESSÁRIO AGUARDAR O TRÂNSITO EM JULGADO PARA QUE SE TORNEM EXIGÍVEIS. (.)"(TJPR EXECUÇÃO. HONORÁRIOS ADVOCATÍCIOS. EXEQUENTE PRETENDE A EXECUÇÃO DE HONORÁRIOS ADVOCATÍCIOS FIXADOS EM SENTENÇA PELA ATUAÇÃO COMO DEFENSOR DATIVO. EXECUTADO, ESTADO DO PARANÁ, OPÔS EMBARGOS À EXECUÇÃO PRETENDENDO A INEXIGIBILIDADE DO TÍTULO, VEZ QUE NÃO HÁ CERTIDÃO DE TRÂNSITO EM JULGADO E QUE O EMBARGADO NÃO DEMONSTROU O ATO DE NOMEAÇÃO NOS AUTOS 2010.33-0. SENTENÇA DE IMPROCEDÊNCIA. ENTENDEU QUE A SENTENÇA CONDENATÓRIA QUE FIXA O VALOR DOS HONORÁRIOS É CONSIDERADA TÍTULO EXECUTIVO E QUE HÁ CERTIDÃO QUE COMPROVOU A NOMEAÇÃO. **INSURGÊNCIA RECURSAL DO EMBARGANTE. CINGE A CONTROVÉRSIA RECURSAL EM ESTABELECER SE É NECESSÁRIA A APRESENTAÇÃO DE CERTIDÃO DE TRÂNSITO EM JULGADO PARA A CONSTITUIÇÃO DE SENTENÇA QUE FIXA HONORÁRIOS EM TÍTULO EXECUTIVO. VEJA-SE QUE O ART. 24 DO ESTATUTO DA ORDEM DOS ADVOGADOS DO BRASIL É CLARO AO CONSIDERAR A DECISÃO JUDICIAL QUE FIXAR OU ARBITRAR HONORÁRIOS TÍTULO EXECUTIVO. NESSE PASSO, TEM-SE QUE NÃO É NECESSÁRIA CERTIDÃO DE TRÂNSITO EM JULGADO PARA TORNAR O TÍTULO EXEQUÍVEL. PRECEDENTES JURISPRUDENCIAIS:** DIREITO PROCESSUAL CIVIL. HONORÁRIOS ADVOCATÍCIOS. DEFENSOR DATIVO. DESNECESSIDADE DO TRÂNSITO EM

JULGADO DAS AÇÕES PARA A EXIGIBILIDADE DOS VALORES. VALOR FIXADO INDEPENDE DO RESULTADO DA DEMANDA. A) OS HONORÁRIOS DO DEFENSOR DATIVO SÃO FIXADOS PARA REMUNERAR O ADVOGADO NOMEADO PELO ESTADO PARA DEFENDER AS PESSOAS SEM CONDIÇÕES DE CONSTITUIR PATRONO E SERÃO DEVIDOS CASO A DEFESA TENHA ÊXITO OU NÃO. B) DIFERENTEMENTE DOS HONORÁRIOS DE SUCUMBÊNCIA, O VALOR FIXADO COMO HONORÁRIOS DO DEFENSOR DATIVO NÃO SE ALTERA AINDA QUE A SENTENÇA SEJA REFORMADA, PORTANTO, **DESNECESSÁRIO AGUARDAR O TRÂNSITO EM JULGADO PARA QUE SE TORNEM EXIGÍVEIS.** (TJ-PR – 1º Turma Recursal – Rel. Fernando Swain Ganem – Pub. 28/05/2015) (TJ-PR, 2015, grifos nossos)

Assim, inexiste a necessidade de trânsito em julgado para executar os valores dos honorários arbitrados, já que o título executivo judicial atende os requisitos indispensáveis presentes no art. 786 do CPC: exigibilidade, certeza e liquidez. A certeza e liquidez provêm da sentença e da certidão de honorários, e a exigibilidade, da certeza de que os títulos não se encontram prescritos. Conforme analisamos anteriormente, o inciso II do parágrafo 5º do art. 206 do Código Civil (Brasil, 2002) dispõe que o título executivo judicial prescreve em cinco anos.

Nos pedidos, caso os valores sejam pequenos e estejam nos valores a serem pagos por requisição de pequenos valores, poderá o exequente requerer a citação da executada para que, no prazo de 30 dias, apresente embargos à execução. Caso o

Estado não ofereça os respectivos embargos à execução, terá que expedir requisição de pequeno valor em favor do exequente.

Na maioria das vezes, o Estado, ao ser citado, determina a expedição de requisição de pequeno valor, cumprindo com a obrigação. Desse modo, o processo de execução será extinto.

Existe ainda outro caminho para o pagamento dos valores referentes aos honorários arbitrados dos advogados dativos. Em muitos estados, a OAB, em conjunto com a Procuradoria-Geral do Estado (PGE), fez parcerias. Há um exemplo no Estado do Paraná: segundo o disposto na Lei n. 18.664, de 22 de dezembro de 2015 (Paraná, 2015), e no art. 2º do Decreto n. 3.897, de 13 de abril de 2016 (Paraná, 2016), os advogados cadastrados na listagem de dativos podem receber os valores por meio de pagamento administrativo.

Nesse caso, os advogados não precisam executar em juízo os valores arbitrados em sentença. O processo se torna simples e eficaz; o juiz, após sentenciar e arbitrar os valores, emite uma certidão referente aos honorários advocatícios. Com a certidão devidamente assinada pelo juiz que arbitrou a sentença, o advogado entra no *site* da OAB/PR e preenche o requerimento para recebimento dos valores por meio de expedição de requisição de pequeno valor. A simplicidade do sistema reduziu a praticamente zero a propositura de execuções judiciais relacionadas a honorários advocatícios arbitrados de dativos no Paraná.

No pagamento administrativo, o recebimento acontece, em média, entre dois e três meses após a juntada da certidão no sistema. O advogado recebe os valores dos honorários dativos diretamente em sua conta bancária.

— 3.5.2 —
Sentenças de arbitramentos de honorários erradas, obscuras, omissas ou contraditórias

Em alguns casos, os juízes podem ser omissos ao proferir as sentenças relacionadas aos honorários dos advogados dativos. Não é raro juízes esquecerem de arbitrar os valores e/ou arbitrarem valores irrisórios, insuficientes para pagar as despesas que o advogado teve para atuar no processo.

Nesses casos, não existe outra saída ao advogado dativo a não ser opor **embargos de declaração** contra a decisão omissa. Os embargos de declaração estão dispostos no art. 1.023 do CPC:

> Art. 1.023. Os embargos serão opostos, no prazo de 5 (cinco) dias, em petição dirigida ao juiz, com indicação do erro, obscuridade, contradição ou omissão, e não se sujeitam a preparo.

Assim, havendo erro, obscuridade, contradição ou omissão, podem ser interpostos embargos de declaração para ver sanado o vício. Estes não estão sujeitos a preparo, ou seja, não têm custas processuais. O prazo para interpor o recurso é de cinco dias a partir do primeiro dia útil posterior à intimação.

O embargante deve expor os fatos e assinalar o erro, a obscuridade, a contradição e/ou a omissão existente na decisão. No mérito, o advogado deve juntar as normas e as jurisprudências relacionadas ao pedido para fundamentar um futuro deferimento. Ao final, nos requerimentos, o advogado deve solicitar o que entender necessário para ver sanado o vício por ele detectado. Vejamos algumas jurisprudências:

> EMENTA: EMBARGOS DE DECLARAÇÃO - OMISSÃO - AUSÊNCIA DE FIXAÇÃO DE HONORÁRIOS DO DEFENSOR DATIVO - EMBARGOS ACOLHIDOS.
>
> **- Há que se acolher os embargos de declaração se, no acórdão embargado, não se fixou os honorários do defensor dativo.** (TJ-MG, 2019b, grifo nosso)
>
> EMBARGOS DE DECLARAÇÃO - ACÓRDÃO EM RECURSO E, SENTIDO ESTRITO - OMISSÃO VERIFICADA - AUSÊNCIA DE FIXAÇÃO DE HONORÁRIOS AO DEFENSOR DATIVO - ACOLHIMENTO - FIXAÇÃO PELA ATUAÇÃO EM GRAU RECURSAL - EMBARGOS ACOLHIDOS - (TJPR - 1ª C. EMBARGOS DE DECLARAÇÃO - ACÓRDÃO EM RECURSO E, SENTIDO ESTRITO - OMISSÃO VERIFICADA - **AUSÊNCIA DE FIXAÇÃO DE HONORÁRIOS AO DEFENSOR DATIVO- ACOLHIMENTO - FIXAÇÃO PELA ATUAÇÃO EM GRAU RECURSAL - EMBARGOS ACOLHIDOS** - (TJPR - 1ª C. EMBARGOS DE DECLARAÇÃO - ACÓRDÃO EM RECURSO E, SENTIDO ESTRITO - OMISSÃO VERIFICADA - AUSÊNCIA

DE FIXAÇÃO DE HONORÁRIOS AO DEFENSOR DATIVO- ACOLHIMENTO - FIXAÇÃO PELA ATUAÇÃO EM GRAU RECURSAL - EMBARGOS ACOLHIDOS - (TJPR - 1ª C. EMBARGOS DE DECLARAÇÃO - ACÓRDÃO EM RECURSO E, SENTIDO ESTRITO - OMISSÃO VERIFICADA - AUSÊNCIA DE FIXAÇÃO DE HONORÁRIOS AO DEFENSOR DATIVO- ACOLHIMENTO - FIXAÇÃO PELA ATUAÇÃO EM GRAU RECURSAL - EMBARGOS ACOLHIDOS (TJPR - 1ª C.Criminal - 0003159-72.2011.8.16.0024 - Almirante Tamandaré - Rel.: Desembargador Clayton Camargo - J. 04.07.2020) (TJ-PR, 2020a, grifo nosso)

EMBARGOS DE DECLARAÇÃO. TESE DE OMISSÃO. **AUSÊNCIA DE FIXAÇÃO DE HONORÁRIOS AO DEFENSOR DATIVO. ACOLHIMENTO.** (TJPR - 3ª Turma Recursal - 0003217-12.2019.8.16.0019 - Ponta Grossa - Rel.: Juíza Adriana de Lourdes Simette - J. 14.08.2020) (TJ-PR, 2020b, grifo nosso)

EMENTA - EMBARGOS DE DECLARAÇÃO EM RECURSO DE APELAÇÃO - EXISTÊNCIA DE OMISSÃO - ACOLHIMENTO - MAJORAÇÃO DOS HONORÁRIOS DO ADVOGADO DATIVO.

1. Os embargos de declaração destinam-se ao aperfeiçoamento do julgado, desde que presente algum dos vícios previstos no art. 1.022 do Código de Processo Civil. Constatada a existência de omissão, é de rigor o acolhimento do recurso.

2. Imprescindível majorar os honorários do advogado dativo quando a quantia fixada na sentença não é suficiente para remunerá-lo de forma digna, tendo em vista as peculiaridades da demanda. Recurso conhecido e acolhido. (TJ-MS, 2019, grifo nosso)

Nos honorários arbitrados para advogados dativos, os embargos de declaração são cabíveis em qualquer grau de jurisdição em que foram arbitrados.

— 3.6 —
Assistência judiciária e justiça gratuita

Para abordarmos o benefício da justiça gratuita, primeiramente precisamos entender como surgiu esse direito. A Constituição da República Federativa do Brasil de 1988 deu garantias fundamentais ao cidadão, atinentes à vida, à propriedade, à educação, à saúde etc. Com essas garantias fundamentais, o legislador entendeu ser necessário garantir também o acesso à justiça, de forma ampla, segura e rápida. Assim, o art. 5º, XXXV, da Constituição dispõe: "a lei não excluirá da apreciação do Poder Judiciário lesão ou ameaça a direito".

O Estado ainda garante ao cidadão a gratuidade do acesso à justiça, no inciso LXXIV: "o Estado prestará assistência jurídica integral e gratuita aos que comprovarem insuficiência de recursos".

Assim, a Constituição de 1988 serve como referência para as normas infraconstitucionais. Estas devem sempre respeitar a Constituição, e todas as normas devem ser interpretadas conforme o que dispõe a Constituição, de modo a garantir e efetivar todos os direitos fundamentais. Caso qualquer norma afronte o dispositivo legal, será considerada inconstitucional.

O direito aos benefícios da justiça gratuita envolve a disponibilização de um advogado pelo Estado, as custas e as taxas processuais judiciais. Esse benefício é destinado a pessoas desprovidas de recursos ou que não os tenham com suficiência para enfrentar um processo sem afetar a própria sobrevivência ou de sua família. Para Veiga e Gaspar (2020, p. 286),

> No Brasil, em geral, a assistência judiciária gratuita é prestada pela Defensoria Pública, ou por quem exerça cargo equivalente, sendo que, se no Estado não houver serviço de assistência judiciária, por ele mantido, caberá a indicação à Ordem dos Advogados, por suas Seções Estaduais, ou Subseções Municipais.

O Brasil está deficitário de defensores públicos, e somente nas grandes cidades encontram-se as sedes das defensorias públicas. As cidades pequenas são supridas deficitariamente por advogados das prefeituras municipais (cargo de confiança ou concursados – procurador do município – para solucionar situações da área da saúde e da família principalmente) e por advogados dativos da lista da OAB.

O CPC de 2015 inseriu inovações no benefício da justiça gratuita:

Art. 98. A pessoa natural ou jurídica, brasileira ou estrangeira, com insuficiência de recursos para pagar as custas, as despesas processuais e os honorários advocatícios, tem direito à gratuidade da justiça, na forma da lei.

§ 1º A gratuidade da justiça compreende:

I – as taxas ou as custas judiciais;

II – os selos postais;

III – as despesas com publicação na imprensa oficial, dispensando-se a publicação em outros meios;

IV – a indenização devida à testemunha que, quando empregada, receberá do empregador salário integral, como se em serviço estivesse;

V – as despesas com a realização de exame de código genético – DNA e de outros exames considerados essenciais;

VI – os honorários do advogado e do perito e a remuneração do intérprete ou do tradutor nomeado para apresentação de versão em português de documento redigido em língua estrangeira;

VII – o custo com a elaboração de memória de cálculo, quando exigida para instauração da execução;

VIII – os depósitos previstos em lei para interposição de recurso, para propositura de ação e para a prática de outros atos processuais inerentes ao exercício da ampla defesa e do contraditório;

IX – os emolumentos devidos a notários ou registradores em decorrência da prática de registro, averbação ou qualquer outro ato notarial necessário à efetivação de decisão judicial ou à continuidade de processo judicial no qual o benefício tenha sido concedido. (Brasil, 2015)

O inciso VIII dispõe sobre a possibilidade de interpor recurso (embargos, agravos, apelações etc.) sem a necessidade de depósito prévio, ou seja, dispensa os depósitos prévios, para ser dado ao beneficiário o pleno exercício da ampla defesa e do contraditório. No mesmo sentido, na Justiça do Trabalho, a Lei n. 13.467, de 13 de julho de 2017, gerou para a Consolidação das Leis do Trabalho (CLT – Brasil, 1943) a inclusão do parágrafo 10º no art. 899, isentando também os depósitos prévios recursais aos beneficiários da justiça gratuita: "são isentos do depósito recursal os beneficiários da justiça gratuita, as entidades filantrópicas e as empresas em recuperação judicial".

É importante salientar que não é porque o cidadão recebe o benefício da justiça gratuita que ficará afastada a responsabilidade pela condenação das despesas processuais e pelos honorários advocatícios. O parágrafo 2º do art. 98 do CPC postula que: "a concessão de gratuidade não afasta a responsabilidade do beneficiário pelas despesas processuais e pelos honorários advocatícios decorrentes de sucumbência". Assim, vencido o beneficiário da justiça gratuita, dispõe o parágrafo 3º do mesmo artigo:

> § 3º Vencido o beneficiário, as obrigações decorrentes de sua sucumbência ficarão sob condição suspensiva de exigibilidade e somente poderão ser executadas se, nos 5 (cinco) anos subsequentes ao trânsito em julgado da decisão que as certificou, o credor demonstrar que deixou de existir a situação de insuficiência de recursos que justificou a concessão de gratuidade, extinguindo-se, passado esse prazo, tais obrigações do beneficiário. (Brasil, 2015)

Dessa forma, o credor poderá cobrar o devedor pelo prazo de cinco anos após o trânsito em julgado da sentença. Passado esse prazo, não ocorrerá a prescrição, mas a extinção da obrigação (do direito de cobrar a dívida) para o credor. Ou seja, diferentemente do que previa o art. 12 da Lei n. 1.060, de 5 de fevereiro de 1950, revogado, agora ocorre a extinção da obrigação expressa na letra da lei, sem previsão da prescrição.

Já o parágrafo 4º do art. 98 preconiza que "a concessão de gratuidade não afasta o dever de o beneficiário pagar, ao final, as multas processuais que lhe sejam impostas", como nos casos de litigância de má-fé, atentado à dignidade da justiça etc. O reconhecimento do benefício à assistência jurídica gratuita não afasta a possibilidade do pagamento de multas. Nesse caso, incide também o disposto no parágrafo 3º. A situação é exposta pelo art. 100 do CPC:

> Art. 100. Deferido o pedido, a parte contrária poderá oferecer impugnação na contestação, na réplica, nas contrarrazões de recurso ou, nos casos de pedido superveniente ou formulado

por terceiro, por meio de petição simples, a ser apresentada no prazo de 15 (quinze) dias, nos autos do próprio processo, sem suspensão de seu curso.

Parágrafo único. **Revogado o benefício, a parte arcará com as despesas processuais que tiver deixado de adiantar e pagará, em caso de má-fé, até o décuplo de seu valor a título de multa,** que será revertida em benefício da Fazenda Pública estadual ou federal e poderá ser inscrita em dívida ativa. (Brasil, 2015, grifo nosso)

Portanto, caso seja revogado o benefício da justiça gratuita durante o curso do processo, a parte deverá arcar com as despesas que não pagou. Se comprovada a má-fé, a parte poderá ser condenada a pagar multa de até dez vezes o valor das custas e das despesas que deveria ter pago. Vale consultar a jusrisprudência:

PROCESSUAL CIVIL. PREVIDENCIÁRIO. JUSTIÇA GRATUITA. INDEFERIMENTO. HIPOSSUFICIÊNCIA NÃO COMPROVADA. MULTA DO ART. 100, PARÁGRAFO ÚNICO, DO CPC/2015. DESCABIMENTO.

I - Os documentos juntados comprovam não se tratar de pessoa com insuficiência de recursos para pagar as custas e despesas processuais.

II - **A multa prevista no parágrafo único do art. 100 do CPC/2015 somente poderá ser aplicada se estiver amplamente demonstrado nos autos que o requerente agiu de forma maldosa, com a intensão de induzir o juízo em erro e se aproveitar indevidamente do benefício.**

III – Como na hipótese não restou suficientemente demonstrada a má-fé da agravante, não cabe a aplicação da multa.

IV – Agravo de instrumento parcialmente provido. Agravo interno prejudicado. (TRF-3, 2017, grifo nosso)

AGRAVO DE INSTRUMENTO. ASSISTÊNCIA JUDICIÁRIA GRATUITA. NECESSÁRIO INDEFERIMENTO. REVOGAÇÃO DE ASSISTÊNCIA JUDICIÁRIA. ART. 100, PARÁGRAFO ÚNICO DO CÓDIGO DE PROCESSO CIVIL. MULTA. DÉCUPLO. MÁ-FÉ COMPROVADA. RECURSO CONHECIDO E IMPROVIDO. **Os documentos demonstram que as partes agravantes possuem condições de arcar com o pagamento das custas processuais, devendo, portanto, ser indeferida a concessão dos benefícios da assistência judiciária gratuita. Comprovada a má-fé do beneficiário da justiça gratuita, deve ser aplicada a multa prevista no art. 100, parágrafo único, do CPC**, discutidos e examinados estes autos de Agravo de VISTOS Instrumento nº. 0043520-28.2019.8.16.0000, da Vara Cível do Foro Regional de, em que são Rolândia da Comarca da Região Metropolitana de Londrina Agravantes MARIA ODETE MARQUES VOLPATO E OUTROS e IRENE VOLPATO Agravados BORGONHONI E OUTROS.

I – RELATÓRIO (TJPR-18ª C.Cível – 0043520-28.2019.8.16.0000 – Rolândia – Rel.: Desembargador Marcelo Gobbo Dalla Dea – J. 02.12.2019) (TJ-PR, 2019, grifo nosso)

Havendo o trânsito em julgado da sentença, começa a correr o prazo quinquenal previsto no parágrafo 3º do art. 98 do CPC. Nesse período, a parte contrária pode impugnar a justiça gratuita, comprovando que as condições financeiras do condenado se modificaram, exigindo o cumprimento da sentença e o pagamento dos honorários e das custas processuais.

> DUPLA APELAÇÃO CÍVEL. AÇÃO CAUTELAR DE BUSCA E APREENSÃO DE GRÃOS. ARRENDAMENTO DE FAZENDA. INADIMPLEMENTO CONTRATUAL POR PARTE DOS ARRENDATÁRIOS. REVOGAÇÃO DO BENEFÍCIO DA GRATUIDADE DA JUSTIÇA APÓS PROLAÇÃO DA SENTENÇA. COMPROVAÇÃO DA CAPACIDADE FINANCEIRA VIA DOCUMENTOS. POSSIBILIDADE. ALEGAÇÃO DE PRECLUSÃO AFASTADA. PERCENTUAL DA VERBA HONORÁRIA FIXADO NOS TERMOS DA LEI, DA RAZOABILIDADE E DA PROPORCIONALIDADE, SEGUINDO-SE O BROCARDO "O ASSESSÓRIO SEGUE O PRINCIPAL". MANUTENÇÃO. MAJORAÇÃO DA VERBA HONORÁRIA EM GRAU RECURSAL.
>
> 1. Nos termos da lei, **a suspensão da exigibilidade das custas, despesas processuais e honorários advocatícios pode ser revogada a qualquer tempo**, desde que, por meio de decisão fundamentada nas provas juntadas pela parte contrária, a demonstrarem a mudança na condição financeira da beneficiária de suportar os encargos. Nesse sentido, não há falar em preclusão do pedido de revogação posterior à prolação da sentença.
>
> 2. Merece correção, de ofício, a decisão integrativa que revoga a gratuidade da justiça apenas em relação aos honorários advocatícios, devendo o ato se estender a todos os ônus sucumbenciais, dada a comprovação da capacidade financeira da então beneficiária.

3. Verificando-se que o julgador a *quo* condenou as partes, ambas vencidas e vencedoras, aos ônus sucumbenciais, levando em conta a razoabilidade e a proporcionalidade, não há falar em modificação da sentença quanto a este capítulo. A ponderação do magistrado se deu consoante o brocardo "o assessório segue o principal".

4. Desprovidos os apelos, devem ser majorados os honorários advocatícios sucumbenciais, em conformidade com o art. 85, §§ 2º e 11, do Código de Processo Civil. 6. RECURSOS CONHECIDOS E DESPROVIDOS. DECISÃO INTEGRATIVA REFORMADA DE OFÍCIO QUANTO À EXTENSÃO DA REVOGAÇÃO DA ASSISTÊNCIA JUDICIÁRIA GRATUITA. (TJ-GO, 2019a, grifo nosso)

APELAÇÃO CÍVEL. (...) 1. **É possível a impugnação da assistência judiciária a qualquer tempo, mas para que haja a revogação da gratuidade processual conferida a uma das partes, é necessária a comprovação de inexistência ou desaparecimento dos requisitos essenciais à sua concessão.** (...). (TJGO, Apelação 0273487-41.2015.8.09.0010, Rel. DORACI LAMAR ROSA DA SILVA ANDRADE, 6ª Câmara Cível, julgado em 06/08/2019, DJe de 06/08/2019). (TJ-GO, 2019a, grifo nosso)

APELAÇÃO CÍVEL E APELO ADESIVO. [...]

3 – **A revogação da benesse pode ser arguida a qualquer tempo, desde que a parte contrária faça prova aos autos da inexistência ou do desaparecimento dos requisitos essenciais ao deferimento da medida, não havendo comprovação nesse sentido, não merece prosperar o pedido de revogação da assistência judiciária.** (TJ-GO, 2019b, grifo nosso)

O parágrafo 5º do art. 98 do CPC dispõe:

> § 5º A gratuidade poderá ser concedida em relação a algum ou a todos os atos processuais, ou consistir na redução percentual de despesas processuais que o beneficiário tiver de adiantar no curso do procedimento.

Logo, o beneficiário pode pleitear apenas alguns atos processuais, conforme a necessidade e as condições financeiras.

Caso o beneficiário adiante despesas processuais no curso do procedimento, "o juiz poderá conceder o direito ao parcelamento de despesas processuais que o beneficiário tiver de adiantar no curso do procedimento" (parágrafo 6º, art. 98, CPC).

Com o advento da Lei n. 13.467/2017 (Brasil, 2017) a justiça gratuita teve uma maior repercussão na Justiça do Trabalho, pois começou a incidir a possibilidade de condenação dos autores ao pagamento das custas processuais e dos honorários sucumbenciais.

— 3.6.1 —
Assistência jurídica gratuita na Justiça do Trabalho

A Lei n. 13.467/2017 originou-se do Projeto de Lei n. 6.787, de 23 de dezembro de 2016, conhecido como *minirreforma trabalhista*, o qual alterou dez dispositivos da CLT (Brasil, 1943), e da Lei

n. 6.019, de 3 de janeiro de 1974, a qual versou sobre o trabalho temporário e a regularização da terceirização dos serviços.

A Lei n. 13.467/2017 foi um marco para o benefício da justiça gratuita na Justiça do Trabalho. Essa lei realizou várias mudanças na CLT e nas leis esparsas, alterando muitos direitos e deveres trabalhistas, atingindo diretamente a realidade jurídica anterior que envolvia trabalhadores, empregadores e instrumentadores do direito. Essa reforma foi antipopular, e essa impopularidade pode ser constatada na própria página do Senado Federal em consulta pública realizada na época.

Figura 3.2 – Consulta pública sobre a reforma trabalhista de 2017

Fonte: Senado Federal, 2017.

Não obstante, o projeto de lei foi aprovado com 50 votos a favor e 26 votos contra. Foi sancionado pelo presidente da república na íntegra e passou a valer após o período de *vacatio legis* de 120 dias, em 11 de novembro de 2017.

> **Vacatio legis**
> Período de vacância da lei que corresponde ao lapso temporal entre a data da publicação de uma lei e o início de sua vigência.

Das mudanças efetivadas por essa reforma, nos concentraremos aqui sobre aquelas referentes ao benefício da justiça gratuita, que agora deve ser analisado antes e depois da reforma trabalhista.

Antes, a justiça gratuita na Justiça do Trabalho era fundamentada no art. 790 da CLT(Brasil, 1943):

> § 3º É facultado aos juízes, órgãos julgadores e presidentes dos tribunais do trabalho de qualquer instância conceder, a requerimento ou de ofício, o benefício da justiça gratuita, inclusive quanto a traslados e instrumentos, àqueles que perceberem salário igual ou inferior ao dobro do mínimo legal, ou declararem, sob as penas da lei, que não estão em condições de pagar as custas do processo sem prejuízo do sustento próprio ou de sua família. (Redação dada pela Lei nº 10.537, de 27.8.2002)

Em outros termos, o beneficiário da justiça gratuita deveria receber salário igual ou inferior ao dobro do salário-mínimo nacional ou declarar por escrito que não tinha condições de arcar com as custas do processo sem prejuízo do sustento próprio e/ou de sua família. Logo, o primeiro critério era objetivo: se percebesse menos de dois salários-mínimos, o cidadão de ofício teria direito à justiça gratuita, sem a necessidade de comprovar mais nada, pela presunção de veracidade de que necessitava da justiça gratuita. A segunda hipótese era a declaração de pobreza assinada pela parte e/ou por procurador constituído. Conforme dispõe o parágrafo 3º do art. 99 do CPC: "Presume-se verdadeira a alegação de insuficiência deduzida exclusivamente por pessoa natural". Dessa forma, cabia à parte contrária impugnar a justiça gratuita e fazer provas contra o pedido.

A Lei n. 13.467/2017 (Brasil, 2017) revogou o texto anterior do parágrafo 3º do art. 790 da CLT, passando a constar a seguinte redação:

> § 3º É facultado aos juízes, órgãos julgadores e presidentes dos tribunais do trabalho de qualquer instância conceder, a requerimento ou de ofício, o benefício da justiça gratuita, inclusive quanto a traslados e instrumentos, àqueles que perceberem salário igual ou inferior a 40% (quarenta por cento) do limite máximo dos benefícios do Regime Geral de Previdência Social. (Redação dada pela Lei nº 13.467, de 2017)

Convém, então, esclarecer o que mudou. Inicialmente, deixou de ser um quesito objetivo, passando a contemplar uma presunção de veracidade. Antes, para receber o benefício da justiça gratuita, o quesito era ganhar salário igual ou inferior a dois salários-mínimos. Após a reforma, o quesito passou a ser salário igual ou inferior a 40% do limite máximo do benefício da Previdência

Social. Nesse contexto, é importante sabermos que a Portaria SEPRT/ME n. 477, de 12 de janeiro de 2021, atualizou o limite máximo dos benefícios do Regime Geral de Previdência Social:

> Art. 2º A partir de 1º de janeiro de 2021, o salário de benefício e o salário de contribuição não poderão ser inferiores a R$ 1.100,00 (um mil e cem reais), nem superiores a R$ 6.433,57 (seis mil quatrocentos e trinta e três reais e cinquenta e sete centavos).

Antes, a parte não poderia perceber mais do que o dobro do salário-mínimo: R$ 1.100,00 em 2021 × 2. Por conseguinte, antes da portaria, para receber o benefício da justiça gratuita, a pessoa não poderia receber mais do que R$ 2.200,00. Com a alteração do parágrafo 3º, o valor para ter direito à justiça gratuita passou a ser 40% do limite máximo dos benefícios do Regime Geral de Previdência Social. Em 2021, esse valor era de R$ 6.443,57; 40% desse valor corresponde ao teto de R$ 2.577,43.

Desse modo, resta claro que, com a mudança prevista na reforma trabalhista, o acesso à justiça se ampliou, pois possibilita ao juiz conceder justiça gratuita às partes de ofício ou por requerimento para aqueles que perceberem rendimentos até o teto de R$ 2.577,43. Comparado com o antigo texto, o valor teve uma variação positiva de 17,15%.

Agora, caso os recebimentos sejam superiores ao teto dos benefícios da Previdência Social, o juiz poderá indeferir o pedido do benefício da justiça gratuita. Eis a jurisprudência:

EMENTA: JUSTIÇA GRATUITA. INDEFERIDA. **O recorrente, com contrato de trabalho vigente, recebe salário superior a 40% do limite máximo dos benefícios do INSS.** Assim, não faz jus aos benefícios da justiça gratuita. Recurso ordinário que não se conhece, por deserto. (TRT-2, 2020a, grifo nosso)

É imperioso, ainda, mencionar a inclusão do parágrafo 4º no art. 789 da CLT, o qual preconiza que "o benefício da justiça gratuita será concedido à parte que **comprovar insuficiência de recursos** para o pagamento das custas do processo" (Brasil, 2017, grifo nosso). Isso significa que não é porque a parte tem rendimentos maiores do que o previsto em lei que ela não possa requerer o benefício a justiça gratuita. O importante é saber que tal benefício não será concedido por ofício, mas por requerimento com a entrega de declaração de hipossuficiência.

Agora, não basta declarar insuficiência de recursos (presunção de veracidade), é preciso comprová-la. Para isso, a parte deve juntar documentos, por exemplo: extrato bancário, declaração de bens, declaração do imposto de renda, despesas rotineiras e alimentares etc., os quais devem demonstrar a relação entre os ganhos e os gastos, e que a sobra seria insuficiente para pagar custas e despesas processuais.

Veiga e Gaspar (2020, p. 293) entendem que:

> Desta maneira, ao interpretar o § 4º do art. 790 da CLT ("O benefício da justiça gratuita será concedido à parte que

comprovar insuficiência de recursos para o pagamento das custas do processo") é possível, sem maiores esforços interpretativos, concluir que, em verdade, exceto quanto à impossibilidade de, neste caso, o Magistrado conceder, de ofício, o benefício, nada mudou!

Além disso, a declaração de hipossuficiência deve ser assinada pela parte e/ou por advogado constituído, já que legalmente tem a presunção de veracidade, não sendo preciso comprovar a necessidade do pedido. É assim que entendem os autores:

> caso a parte junte declaração pessoal de pobreza (assinada pela própria parte ou assinada por advogado com poderes específicos para esse fim – art. 105 do CPC/2015 e Súmula n. 463 do TST) esta declaração não dependerá de qualquer outra prova" (Veiga; Gaspar, 2020, p. 293).

Assim, a situação continua a mesma, e a parte contrária deve impugnar os documentos juntados com a declaração de pobreza para evidenciar que a parte solicitante tem condições de pagar as custas e as despesas processuais. É pertinente consultar a jusrisprudência:

> JUSTIÇA GRATUITA. INDEFERIDA.
> Muito embora tenha sido juntada a declaração de hipossuficiência, **restou demonstrado que o autor recebia remuneração bem superior a 40% (quarenta por cento) do limite máximo dos benefícios do Regime Geral de Previdência**

Social, não havendo qualquer comprovação da insuficiência econômica alegada, a justificar a gratuidade pretendida. Recurso ordinário a que se nega provimento. (TRT-2, 2020b, grifo nosso)

RECURSO ORDINÁRIO. PESSOA JURIDICA DE DIREITO PRIVADO. PEDIDO DE JUSTIÇA GRATUITA INDEFERIDO. AUSÊNCIA DE PROVA DE PRECARIEDADE ECONÔMICA.

Não há, *a priori*, nenhuma norma que autorize tal pretensão à pessoa jurídica de direito privado, **sobretudo quando ausente qualquer prova de sua miserabilidade jurídica**. Nesse diapasão, o e. TRT da 17.ª Região, nos termos da Súmula n.º 16, já sedimentou que a assistência judiciária gratuita é cabível, tão somente, ao empregador pessoa física, sem mencionar a extensão de tal benesse à pessoa jurídica. (TRT-17ª R., RO 0001381-56.2017.5.17.0161, Divisão da 3ª Turma, DEJT 16/07/2019). (TRT-17, 2019, grifo nosso)

BENEFÍCIO DA JUSTIÇA GRATUITA INDEFERIDO. REQUISITOS PARA A CONCESSÃO.

Nos termos da Súmula 463, item I, do TST, a declaração de insuficiência econômica é o bastante para a concessão da assistência judiciária gratuita. No caso dos autos, a declaração de insuficiência econômica veio aos autos, comprovando não deter o reclamante as condições para a regular demanda sem prejuízo financeiro ou econômico ao próprio sustento e ao de sua família, estando assim amparado pela Lei nº 5.584/1970. Concedido esse benefício, a parte fica isenta do recolhimento das custas processuais. RECLAMAÇÃO TRABALHISTA. EXTINÇÃO DO FEITO SEM RESOLUÇÃO DO

> MÉRITO. HONORÁRIOS ADVOCATÍCIOS DE SUCUMBÊNCIA. ART. 791-A DA CLT. INDEVIDOS. A extinção do feito sem resolução do mérito, nos moldes do art. 485, I, e 321, parágrafo único do CPC, ambos do CPC, não implica sucumbência de qualquer das partes litigantes. Tal hipótese não se equipara à improcedência dos pedidos iniciais e, por isso, a condenação ao pagamento de honorários advocatícios de sucumbência não encontra amparo no art. 791-A da CLT. Convém esclarecer que não se aplica o art. 85 do CPC, uma vez que a CLT traz regramento específico acerca da fixação dos honorários advocatícios de sucumbência. (TRT-10, 2019, grifo nosso)

A comprovação efetivamente será necessária após a impugnação da justiça gratuita pela parte contrária e/ou a após indeferimento do julgador, momento em que a parte poderá juntar mais comprovantes de sua hipossuficiência. Logo, a reforma trabalhista em nada mudou a concessão dos benefícios da justiça gratuita.

Curiosidade

Honorários advocatícios milionários já pagos no Brasil

A seguir, listamos alguns casos de "super-honorários" já pagos no Brasil.

- Conforme acórdão do Recurso Especial n.º 1.711.273 – DF, da Quarta Turma do STJ, foi reconhecido o direito de um advogado a receber, como honorários de sucumbência, a importância de mais de **R$ 16 milhões**. O valor corresponde a 10% do valor da causa (STJ, 2019e).

Figura 3.3 – Advocacia milionária

- A mesma Quarta Turma do STJ reconheceu parcial provimento a um recurso especial apresentado pelo Banco do Brasil para afastar o pagamento de honorários de sucumbência em valor aproximado de **R$ 20 milhões**. A decisão entendeu que tais valores estavam fora da realidade, pois os cálculos não consideraram o valor atribuído à execução na data do seu ajuizamento, ou seja, o banco não considerava justo o pagamento de honorários várias vezes superiores ao que era devido pela instituição. Para o relator, Ministro Luíz Felipe Salomão, "a causa em que atuou o advogado credor é de baixa complexidade, pois envolve a discussão acerca de encargos de contrato bancário, que se repetem como demandas de massa" (Afastados..., 2011). Valendo-se de precedentes do STJ, o ministro, em seu voto, decidiu que, segundo a atualização pelo Índice Geral de Preços do Mercado (IGPM), o valor aproximado dos honorários "ficaria em R$ 46.316,72 [...], não considerados, ainda, os juros de mora legais". Assim, foi preciso "estabelecer que o cálculo da diferença sobre a qual incidirão os honorários deve tomar por base o montante existente na data do ajuizamento da execução originária". Corrigido, o valor não passaria de **R$ 1 milhão** (STJ, 2012).

Capítulo 4

Titularidades dos advogados

As titularidades da advocacia são as formas pelas quais os profissionais do direito (advogados) exercem a profissão: em sociedade, como empregados ou autônomos, como defensores públicos etc.

Origem da palavra *advogado*

A palavra *advogado* vem do latim *advocatus*, particípio passado de *advocare*. Significa *aproximação, perto, junto* e *vocare* refere-se a "chamar", "apelar para". Assim, o advogado tem a função de estar junto de seu cliente para representá-lo, advogar em favor, interceder em favor, orientá-lo etc. (Glosbe, 2021).

— 4.1 —

Advogado autônomo

É o profissional que não tem vínculo empregatício formal com empresas, escritórios e/ou sociedades advocatícias. Os advogados autônomos são responsáveis por seus próprios trabalhos e fazem desde a angariação até a execução dos trabalhos. Não estão subordinados a ninguém, não estão obrigados a cumprir horário, tampouco a prestar contas dos seus trabalhos a outras pessoas, a não ser aos próprios clientes. Assim, o advogado autônomo é responsável por seu sustento; precisa ter habilidades e conhecimentos variados, pois fará o gerenciamento, o empreendedorismo e a comunicação de seu serviço. Um bom advogado autônomo é aquele que sabe vender seu serviço.

O advogado autônomo deve ser ativo na busca por clientes. Deve ter muita dedicação e sempre se atualizar com cursos de especialização e o estudo das possíveis mudanças da legislação.

Uma das vantagens de ser um advogado autônomo é ficar exposto de forma célere a uma gama de disciplinas e áreas de atuação do direito. Forma-se, assim, um clínico geral, que atua em todas as áreas. A cada nova demanda, o advogado precisa se atualizar e lidar com um ramo novo do direito. Fica exposto a vários contextos fáticos. Isso pode ser uma vantagem ao longo do tempo, pois, quando se firmar em uma especialidade, já terá conhecimento de várias áreas do direito.

Além disso, o advogado autônomo pode fazer atividades com seus próprios clientes e firmar parcerias com colegas de profissão. Muitas vezes, os escritórios de advocacia têm trabalhos excedentes, os quais podem ser efetuados por advogados autônomos. Hoje em dia, é comum muitos escritórios grandes substabelecerem advogados autônomos para realizarem atos no processo; o mais comum é para a realização de audiências.

O advogado autônomo deve ter um horário de trabalho estabelecido, embora usufrua a flexibilidade de agenda, o que permite adaptar seus horários a seus compromissos. Pode trabalhar de qualquer lugar, até em sua residência; não precisa ter um escritório, e pode alugar salas para reuniões com seus clientes.

Assim, é possível programar de modo mais satisfatório horários, férias e viagens, sem a necessidade de dar satisfação a um superior hierárquico ou ajustar os dias conforme a necessidade da empresa e/ou do escritório.

O advogado autônomo pode exercer sua atividade laboral em todo o território nacional, conforme dispõe o art. 3º do Estatuto da OAB.

— 4.2 —
Sociedade de advogados

O art. 15 do Estatuto da OAB dispõe sobre a possibilidade de os advogados constituírem sociedade advocatícia:

> Art. 15. Os advogados podem reunir-se em sociedade simples de prestação de serviços de advocacia ou constituir sociedade unipessoal de advocacia, na forma disciplinada nesta Lei e no regulamento geral.

É importante ressaltar que o estatuto estabelece, em seu art. 16, que o exercício da advocacia não pode ter características de sociedade empresária. Portanto, os advogados podem se unir exclusivamente em sociedade simples, aquela disposta nos arts. 966 e 981 do Código Civil:

> Art. 966. Considera-se empresário quem exerce profissionalmente atividade econômica organizada para a produção ou a circulação de bens ou de serviços.
>
> Parágrafo único. Não se considera empresário quem exerce profissão intelectual, de natureza científica, literária ou artística, ainda com o concurso de auxiliares ou colaboradores, salvo se o exercício da profissão constituir elemento de empresa.
>
> [...]
>
> Art. 981. Celebram contrato de sociedade as pessoas que reciprocamente se obrigam a contribuir, com bens ou serviços, para o exercício de atividade econômica e a partilha, entre si, dos resultados.
>
> Parágrafo único. A atividade pode restringir-se à realização de um ou mais negócios determinados. (Brasil, 2015)

A sociedade de advogados não é sociedade empresária, e o advogado não é considerado empresário. Tal dispositivo corrobora o art. 16 do Estatuto da OAB.

A advocacia, logo, se enquadra como atividade intelectual. A sociedade de advogados, no entanto, tem finalidade lucrativa, exerce prestação de serviço intelectual técnico e é pessoa jurídica de direito privado.

O Estatuto da OAB possibilita ao advogado criar uma sociedade advocatícia de forma individual e/ou com outros sócios. O advogado pode ingressar no Simples Nacional, sistema de tributação, passando a recolher impostos de forma reduzida.

A sociedade, diferentemente das empresas tradicionais, não precisa registrar-se na Junta Comercial do Estado. O parágrafo 1º do art. 15 do estatuto determina que essa competência é da OAB, para registrar os atos constitutivos da sociedade:

> § 1º A sociedade de advogados e a sociedade unipessoal de advocacia adquirem personalidade jurídica com o registro aprovado dos seus atos constitutivos no Conselho Seccional da OAB em cuja base territorial tiver sede. (Brasil, 2015)

A sociedade de advogados tem como atividade específica e obrigatória os serviços de advocacia. Não pode exercer nenhuma outra categoria de atividade. Parece lógico, mas é importante ressaltar que todos os integrantes da sociedade devem estar inscritos na OAB. O advogado é proibido de fazer parte de outras sociedades advocatícias existentes no mesmo conselho seccional (art. 15, parágrafo 4º, do Estatuto da OAB).

Os advogados da mesma sociedade não podem atuar na mesma causa de lado oposto. Ou seja, a sociedade não pode defender o autor e o réu, com interesses opostos.

A sociedade pode ser unipessoal em caso de redução de sócios, ficando somente um sócio. O advogado deve informar tal situação no prazo máximo de 180 dias e, nesse período, deve fazer a reconstituição da sociedade ou transformá-la em em unipessoal. Caso contrário, pode haver a dissolução.

O art. 16 do Estatuto da OAB trata do nome da sociedade. É proibido utilizar nome fantasia, nome de atividades estranhas, nome ou sobrenome de pessoas que não são inscritas na OAB. Ou seja, conforme o parágrafo 1º desse artigo:

> § 1º A razão social deve ter, obrigatoriamente, o nome de, pelo menos, um advogado responsável pela sociedade, podendo permanecer o de sócio falecido, desde que prevista tal possibilidade no ato constitutivo. (Brasil, 1994b)

Já o parágrafo 4º acrescenta que "a denominação da sociedade unipessoal de advocacia deve ser obrigatoriamente formada pelo nome do seu titular, completo ou parcial, com a expressão 'sociedade de advocacia'" (Brasil, 1994b).

O artigo seguinte trata da responsabilidade dos sócios:

> Art. 17. Além da sociedade, o sócio e o titular da sociedade individual de advocacia respondem subsidiária e ilimitadamente pelos danos causados aos clientes por ação ou omissão no exercício da advocacia, sem prejuízo da responsabilidade disciplinar em que possam incorrer. (Redação dada pela Lei nº 13.247, de 2016) (Brasil, 1994b)

A sociedade de advogados é regulamentada pelo Estatuto da OAB (Brasil, 1994b) e segue os dispositivos legais dispostos no Código Civil (Brasil, 2002). A dissolução é simples: os interessados devem fazer um requerimento diretamente à OAB, da mesma forma que fizeram a constituição, agora apresentando um distrato da sociedade devidamente assinado por todos, com as informações pessoais dos sócios e a forma como está sendo feita a partilha da sociedade. As partes devem apresentar e comprovar a quitação dos impostos.

— 4.3 —
Advogado empregado

O advogado pode optar por trabalhar formalmente, ou seja, ser empregado de escritórios de advocacia, empresas de diversos ramos e sociedades de advogados. Os direitos dos advogados empregados estão devidamente amparados pelo Estatuto da OAB (Brasil, 1994b).

Conforme registramos, a advocacia é um trabalho intelectual, e o advogado é um profissional liberal, responsável por sua capacidade técnica. No entanto, a profissão do advogado pode ser exercida com relação empregatícia, a qual, conforme dispõe o art. 18 do Estatuto da OAB, não exclui a isenção técnica nem reduz a independência profissional.

O salário do advogado empregado deve respeitar o mínimo fixado em sentença normativa e pode ser ajustado de acordo com as convenções coletivas de trabalho às quais a empresa contratante está vinculada (art. 19 do Estatuto da OAB).

O art. 20 do estatuto preconiza:

> Art. 20. A jornada de trabalho do advogado empregado, no exercício da profissão, não poderá exceder a duração diária

de quatro horas contínuas e a de vinte horas semanais, salvo acordo ou convenção coletiva, ou em caso de dedicação exclusiva. (Brasil, 1994b)

Logo, o advogado pode exercer a atividade informalmente e atuar de forma autônoma. Se o contrato de trabalho não for de dedicação exclusiva, pode atuar normalmente no período em que não estiver obrigado com o empregador. Em outras situações, pode optar por trabalhar formalmente de forma exclusiva, ficando à disposição do empregador por 40 horas semanais.

Os direitos do advogado empregado são regidos pela CLT subsidiariamente. Conforme dispõe o art. 3º da CLT (Brasil, 1943), o advogado pode exercer serviços internos e externos da empresa, sem a necessidade de ter horário fixado, mas deve ficar à disposição da empresa pelo tempo necessário previamente contratado. Desse modo, mesmo que o empregador não utilize o tempo contratado, o advogado empregado mantém o vínculo empregatício, pois no período acordado está à disposição do empregador. Os direitos do advogado empregado estão dispostos também no Estatuto da OAB (Brasil, 1994b).

O parágrafo 1º do art. 20 do estatuto dispõe que

considera-se como período de trabalho o tempo em que o advogado estiver à disposição do empregador, aguardando ou executando ordens, no seu escritório ou em atividades externas, sendo-lhe reembolsadas as despesas feitas com transporte, hospedagem e alimentação. (Brasil, 1994b)

O parágrafo 2º do mesmo dispositivo acrescenta: "As horas trabalhadas que excederem a jornada normal são remuneradas por um adicional não inferior a cem por cento sobre o valor da hora normal, mesmo havendo contrato escrito" (Brasil, 1994b).

Logo, o advogado não precisa estar exclusivamente no escritório e/ou na empresa para estar à disposição do empregador. Em viagem a serviço, no trabalho em *home office*, em casa mas em regime de plantão, todos esses casos configuram caso em que o profissional está à disposição do empregador e, por isso, deve ser remunerado, independentemente se está realizando o serviço ou não. Assim, caso ultrapasse as horas contratadas legalmente, o funcionário deve receber horas extras, as quais nunca devem ser inferiores a 100% do valor que já recebe. Caso o funcionário esteja de plantão no período das 20 horas às 5 horas do dia seguinte, terá direito a 20% de adicional noturno (parágrafo 3º, art. 20, Estatuto da OAB – Brasil, 1994b).

É importante ressaltarmos o que dispõe o *caput* do art. 21 do estatuto (Brasil, 1994b): "Nas causas em que for parte o empregador, ou pessoa por este representado, os honorários de sucumbência são devidos aos advogados empregados". O parágrafo único desse artigo acrescenta: "Os honorários de sucumbência, percebidos por advogado empregado de sociedade de advogados são partilhados entre ele e a empregadora, na forma estabelecida em acordo". No momento da contratação, o advogado tem de estar ciente das condições referentes aos honorários de sucumbência, pois terá direito a sua parte, mas esse direito deve estar pactuado no acordo de trabalho.

No vínculo de emprego, estão presentes todos os requisitos necessários para tal vinculação: pessoalidade, onerosidade, subordinação e habitualidade. O advogado passa a ter seus direitos trabalhistas garantidos. Assim, o advogado empregado tem direito ao registro na Carteira de Trabalho, a 13º salário, férias, adicional de 1/3 de férias, Fundo de Garantia por Tempo de Serviço (FGTS) e, caso seja demitido sem justa causa, multa de 40% sobre o valor do FGTS. Portanto, tem todos os direitos de qualquer cidadão com vínculo trabalhista garantido pela CLT. É importante dizer que a CLT é fonte subsidiária naquilo que não divergir dos dispositivos legais dispostos no Estatuto da OAB.

— 4.4 —
Advogado público

A advocacia pública está prevista na Constituição de 1988, no Capítulo IV, Seção II. O art. 131 assim preconiza:

> Art. 131. A Advocacia-Geral da União é a instituição que, diretamente ou através de órgão vinculado, representa a União, judicial e extrajudicialmente, cabendo-lhe, nos termos da lei complementar que dispuser sobre sua organização e funcionamento, as atividades de consultoria e assessoramento jurídico do Poder Executivo.
>
> § 1º A Advocacia-Geral da União tem por chefe o Advogado-Geral da União, de livre nomeação pelo Presidente da República dentre cidadãos maiores de trinta e cinco anos, de notável saber jurídico e reputação ilibada.

> § 2º O ingresso nas classes iniciais das carreiras da instituição de que trata este artigo far-se-á mediante concurso público de provas e títulos.
>
> § 3º Na execução da dívida ativa de natureza tributária, a representação da União cabe à Procuradoria-Geral da Fazenda Nacional, observado o disposto em lei. (Brasil, 1988)

Os advogados públicos, portanto, prestam serviços para a promoção e a orientação dos interesses dos entes públicos da União, dos estados e do Distrito Federal. São representantes dessas entidades nas esferas judicial e extrajudicial. São responsáveis por dar pareceres jurídicos e assessorias jurídicas ao Poder Executivo, principalmente no que diz respeito à fiscalização, ao controle e à defesa dos atos da Administração Pública.

Os procuradores dos estados e do Distrito Federal são organizados em carreira. Ingressam no serviço público por concurso público de provas e títulos e são responsáveis pela representação judicial e por toda a consultoria pública necessária às unidades federadas (art. 132 da Constituição).

A função da advocacia pública está disposta no Título VI do CPC:

> Art. 182. Incumbe à Advocacia Pública, na forma da lei, defender e promover os interesses públicos da União, dos Estados, do Distrito Federal e dos Municípios, por meio da representação judicial, em todos os âmbitos federativos, das pessoas jurídicas de direito público que integram a administração direta e indireta. (Brasil, 2015)

Os advogados devidamente inscritos na OAB podem representar os interesses públicos da União, dos estados, do Distrito Federal e dos municípios, por representação judicial. Isto é, os advogados públicos defendem os interesses das pessoas jurídicas de direito público que pertencem à administração direta e indireta. São funcionários públicos, recebem salários com base nos fundamentos legais e nos parâmetros legais dos órgãos públicos, obedecendo ao teto salarial do funcionalismo público.

— 4.4.1 —
Defensor público

A Defensoria Pública também está prevista na Constituição Federal (Brasil, 1988):

> Art. 134. A Defensoria Pública é instituição permanente, essencial à função jurisdicional do Estado, incumbindo-lhe, como expressão e instrumento do regime democrático, fundamentalmente, a orientação jurídica, a promoção dos direitos humanos e a defesa, em todos os graus, judicial e extrajudicial, dos direitos individuais e coletivos, de forma integral e gratuita, aos necessitados, na forma do inciso LXXIV do art. 5º desta Constituição Federal. (Redação dada pela Emenda Constitucional nº 80, de 2014)

Logo, são funcionários públicos que defendem os interesses das pessoas necessitadas. São responsáveis por dar ao cidadão direito de acesso à justiça de forma ampla e gratuita. Os direitos defendidos pelos defensores públicos podem ser individuais e/ou coletivos. Assim também dispõe o art. 185 do CPC:

> Art. 185. A Defensoria Pública exercerá a orientação jurídica, a promoção dos direitos humanos e a defesa dos direitos individuais e coletivos dos necessitados, em todos os graus, de forma integral e gratuita. (Brasil, 2015)

A Defensoria Pública existe para garantir os interesses da população necessitada do país, para dar voz às pessoas que não têm acesso à justiça, que não têm condições financeiras de contratar um advogado particular para defender seus direitos. Essa proteção está disposta no art. 5º, LXXIV, da Constituição Federal, que garante ao cidadão comprovadamente necessitado o acesso amplo e irrestrito à justiça.

Para nossa abordagem, importa comparar o defensor público com o advogado público e o advogado particular.

Com a análise dos dispositivos legais citados, fica evidente a preocupação do legislador constitucional em separar as funções dos advogados particulares, dos advogados públicos, dos promotores e dos defensores públicos, inclusive contemplando cada um deles em tópico específico no texto legal.

A Defensoria Pública é considerada essencial à justiça; dessa forma, os defensores entendem que a autonomia funcional deve ser preservada, e o exercício da atividade não pode estar vinculado ao regime jurídico da OAB, já que não pode ser gerenciado por órgãos externos à Defensoria; deve ser totalmente independente. Assim, o defensor público vincula-se a dois regimes jurídicos, um estatal (das próprias defensorias) e outro regulamentado pelo Estatuto da OAB.

Grosso modo, a maioria da população enxerga a Defensoria como advogados pagos pelo Estado para defender interesses dos necessitados. No entanto, a discussão é bem maior, pois os defensores são agentes políticos, com funções além da advocacia pública, pois são instrumentalizadores da paz social e do acesso integral à justiça pelos necessitados. O debate, nesse caso, se pauta na autonomia da Defensoria Pública e na vinculação dos profissionais ao regime jurídico da OAB.

O STJ, em decisão monocrática recente, entendeu que não existe a necessidade de o defensor público ser inscrito na OAB para exercer o cargo. Eis a decisão:

> ADMINISTRATIVO. MANDADO DE SEGURANÇA COLETIVO. DEFENSORES PÚBLICOS DO ESTADO DE SANTA CATARINA. CAPACIDADE POSTULATÓRIA. REGIME DISCIPLINAR PRÓPRIO. NÃO NECESSIDADE DE INSCRIÇÃO NA OAB. SENTENÇA DE PROCEDÊNCIA MANTIDA.
>
> - A Lei 8.906/94 (art. 3º, § 1º) não se aplica aos Defensores Públicos porque conflita com o § 6º do artigo 4º da LC 80/94 (com a redação dada pela LC 132/09), que dispõe que a capacidade postulatória do Defensor Público decorre exclusivamente de sua nomeação e posse no cargo público.

- A LC 575/2012 – que criou a Defensoria Pública do Estado de Santa Catarina – dispôs sobre sua organização e funcionamento e reproduziu a norma de que a capacidade postulatória do Defensor Público decorre exclusivamente de sua nomeação e posse no cargo público (art. 45, §2º).

- Os defensores públicos substituídos nesta ação possuem capacidade postulatória própria para o exercício de suas funções, que decorre exclusivamente de sua nomeação e posse no cargo público, sendo desnecessária a inscrição dos mesmos nos quadros da Ordem dos Advogados do Brasil.

- Advogados do Brasil, sendo ilegítimo o indeferimento do pedido de licenciamento/cancelamento.

- Apelação e remessa oficial a que se nega provimento. (STJ, 2019d, grifo nosso)

Conforme se nota na decisão, não se deve confundir o defensor público com o advogado privado; aquele tem capacidade postulatória por sua nomeação, posse no cargo público e deve seguir o regime jurídico da Defensoria Pública, e não da OAB. Em outros termos, o simples fato de a Defensoria Pública estar na mesma seção dos advogados privados não justificaria a determinação de que os defensores públicos deveriam estar inscritos na OAB, muito menos os submeteria como advogados privados à OAB. Essa decisão compara a atuação do defensor público com a atuação do promotor de justiça, e ambos são instituição singular e independente. A Constituição da República Federativa do Brasil de 1988 não prevê a inscrição do defensor público na OAB.

O tema é de repercussão geral e é alvo de julgamento do Recurso Especial n. 1.240.999 (STF, 2021). Além disso, existem no STF duas ações de inconstitucionalidade que versam sobre o tema: a de n. 4.636/2011, impetrada pelo Conselho Federal da OAB, que visa à vinculação jurídica do defensor público ao Estatuto da OAB; e a de n. 5.334/2015, impetrada pela Procuradoria-Geral da República, que busca distinguir o defensor público do advogado privado (STF, 2011, 2015).

Por fim, é importante ressaltarmos que os advogados particulares, as sociedades de advogados, os advogados públicos, a Defensoria Pública, em conjunto com os representantes do Ministério Público, são essenciais para a efetivação da justiça no país. São protetores dos direitos individuais e coletivos preconizados na Constituição e responsáveis por proteger o Estado Democrático de Direito, dando ao cidadão o acesso amplo à justiça, protegendo a dignidade da pessoa humana, a paz social e principalmente a preservação do bem maior, a vida.

Data venia

Expressão muito utilizada no exercício da profissão, significa *dada a licença* ou *dada a permissão*. É empregada pelos advogados para pedir a palavra durante uma audiência, reunião ou outros atos jurídicos, para discordar de um dos interlocutores. A expressão também é muito usada em recurso para discordar da sentença do juízo e/ou do advogado da outra parte (Glosbe, 2021).

Curiosidade

Pela primeira vez no Brasil, o número de advogadas inscritas na OAB ultrapassa o número de advogados

Com base nas informações dadas pelo *site* Consultor Jurídico em 27 de abril de 2021, pela primeira vez na história do direito brasileiro o número de advogadas inscritas no OAB superou o número de homens inscritos. Na última atualização, já eram 610.369 advogadas e 610.207 advogados (Santos, 2021).

No Brasil, portanto, o número total de advogados supera a marca de 1,2 milhão.

Capítulo 5

Situações especiais

Neste capítulo, abordaremos situações especiais da prática forense. A transparência e a boa-fé são princípios que devem estar presentes na gestão pública e em todos os tipos de negócios jurídicos. Nesse contexto, comentaremos sobre a possibilidade de inexigibilidade de licitações para contratação dos serviços advocatícios pelo Poder Público, se é possível e quando é possível.

Ainda, trataremos da habilitação do advogado no processo, do que é uma procuração e quais suas consequências e seus poderes para o patrono. Citaremos as possibilidades de saída do processo por renúncia de poderes e por revogação.

Abordaremos, também, a possibilidade de substabelecer totalmente ou parcialmente os poderes outorgados por procuração.

Outra questão especial nos processos judiciais é a morte do advogado e/ou do cliente. O que fazer nesses casos?

Atenção! Conhecer as situações especiais no processo diferencia o advogado dos outros profissionais da área, e elas são mais rotineiras do que parecem num primeiro olhar.

— 5.1 —
Inexigibilidade de licitação para contratação dos serviços de advocacia

Conforme interpretação conjunta dos arts. 25, inciso II, e 13, inciso V, da Lei n. 8.666, de 21 de junho de 1993, conhecida como

Lei de Licitações, é possível, em caráter excepcional, contratar serviços técnicos especializados advocatícios sem a necessidade de procedimento licitatório (Brasil, 1993). No entanto, os serviços devem ser exclusivamente de interesse da Administração Pública, o objeto deve ser singular e o advogado deve ter notório conhecimento com relação ao serviço a ser prestado.

Portanto, o profissional e/ou o escritório de advocacia deve ter conhecimento ilibado, e ser especialista na área de atuação que vai ser contratado. Os advogados podem ser contratados para determinada demanda e/ou para uma assessoria jurídica em especial. Assim, não basta que o advogado seja inscrito na OAB, ele precisa comprovar que tem especialização na área em que pretende atuar.

O serviço a ser prestado não pode ser comum, mas específico, singular, um caso relevante para o interesse público. Caso contrário, poderia ser prestado por qualquer advogado, o que requer uma licitação.

Eis o entendimento do STJ sobre o tema:

> 4. É plenamente possível a contratação de advogado particular para a prestação de serviços relativos a patrocínio ou defesa de causas judiciais ou administrativas sem que para tanto seja realizado procedimento licitatório prévio. Todavia, a dispensa de licitação depende da comprovação de notória especialização do prestador de serviço e de singularidade dos serviços a serem prestados, de forma a evidenciar que o seu trabalho é o mais adequado para a satisfação do objeto contratado, sendo inviável a competição entre outros profissionais. (STJ, 2018)

Se não for comprovada a especialização técnica do contratado, a contratação está fadada à nulidade e torna-se passível de processo de responsabilidade cível e criminal. Vale analisar a jurisprudência a seguir:

> EMENTA: REMESSA NECESSÁRIA/APELAÇÃO CÍVEL – AÇÃO CIVIL PÚBLICA JULGADA PROCEDENTE – MICROSSISTEMA DE DIREITO COLETIVO – DESCABIMENTO DE REMESSA NECESSÁRIA – CÂMARA MUNICIPAL – CONTRATAÇÃO DE SERVIÇOS ADVOCATÍCIOS ROTINEIROS – LICITAÇÃO – EXIGÊNCIA – RENOVAÇÕES SUCESSIVAS DO CONTRATO – IRREGULARIDADE – OFENSA À REGRA DO CONCURSO PÚBLICO.
>
> – Porquanto a ação civil pública promovida para defesa de direitos coletivos seja regulada pelas normas que compõem o microssistema de direito coletivo, dentre as quais se destaca a Lei n. 4.747/1965, a remessa necessária será cabível apenas em face de sentença que reconheça a carência de ação ou que julgue improcedente o pedido, estando a sentença de procedência sujeita tão somente a recurso voluntário, consoante o disposto no art. 19 da referida lei – Tendo como objeto a prestação de serviços técnicos de amplo assessoramento jurídico à Câmara Municipal, inclusive no tocante às atividades eminentemente parlamentares, sem qualquer indicação de demanda especializada, a contratação de serviços advocatícios deve ser precedida de licitação, não podendo ser realizada por inexigibilidade de licitação, nos termos do art. 25, II, da Lei nº 8.666/93-**Embora possa o ente público contratar serviços advocatícios por inexigibilidade de licitação ou**

com a observância do procedimento licitatório, dada a especialidade ou não das atividades a serem realizadas, tal espécie de vínculo, para ser regular, deve ter natureza excepcional, perdendo sua legitimidade caso verificado que os serviços são essenciais e permanentes, exigindo a realização de concurso público – A contratação de escritório de advocacia por meio de licitação, inicialmente regular, por prever o prazo de doze meses para a execução dos serviços, torna-se irregular caso sejam realizadas renovações sucessivas, que retiram do vínculo o caráter de excepcionalidade, implicando, portanto, em ofensa à regra do concurso público. (TJ-MG, 2018, grifo nosso)

Assim, havendo a necessidade de serviços regulares, o ente público deve promover licitação e/ou concurso público para contratação de procuradores. Tal fato resta evidenciado no caso da União, dos estados e do Distrito Federal, nos termos dos arts. 131 e 132 da Constituição (Brasil, 1988), que trata da advocacia pública, a qual precede de aprovação em concurso público. O mesmo deve acontecer com as prefeituras municipais.

Está em discussão, no STF, a Ação Declaratória de Constitucionalidade (ADC) n. 45, que questiona a constitucionalidade dos arts. 13, V, e 25, II, da Lei n. 8.666/1993, que tratam da contratação dos serviços técnicos profissionais especializados e das hipóteses de inexigibilidade de licitação, sob a alegação de que tais normas dão ensejo a controvérsias judiciais nos casos de contratação direta de serviços advocatícios (STF, 2022).

Na ADC n. 45, a OAB, parte autora, defende a constitucionalidade dos dispositivos legais sobre a inexigibilidade de licitação para contratação dos serviços advocatícios.

— 5.2 —
Procuração outorgada ao advogado

A procuração é o meio pelo qual o advogado é constituído pelo cliente para atuar em um processo. O advogado não pode postular em juízo sem procuração. Sobre isso, é assim que determina o CPC:

> Art. 104 O advogado não será admitido a postular em juízo sem procuração, salvo para evitar preclusão, decadência ou prescrição, ou para praticar ato considerado urgente.
>
> § 1º Nas hipóteses previstas no *caput*, o advogado deverá, independentemente de caução, exibir a procuração no prazo de 15 (quinze) dias, prorrogável por igual período por despacho do juiz.
>
> § 2º O ato não ratificado será considerado ineficaz relativamente àquele em cujo nome foi praticado, respondendo o advogado pelas despesas e por perdas e danos. (Brasil, 2015)

O art. 662 do Código Civil (Brasil, 2002) acrescenta: "os atos praticados por quem não tenha mandato, ou o tenha sem poderes suficientes, são ineficazes em relação àquele em cujo nome foram praticados, salvo se este os ratificar".

A procuração também pode ser denominada como *mandato escrito de procuração*, o que significa que alguém recebe, de outra pessoa, poderes para, em seu nome, praticar todos os atos e/ou administrar seus interesses em conformidade com o que está expresso na procuração. O procurador é a pessoa que recebe esses poderes, é o representante do mandante; o mandante é a pessoa que outorga os poderes ao representante. O procurador é quem executa os atos autorizados pelo outorgante, em seu nome, e sob total responsabilidade do outorgante. O outorgado responde pelos danos praticados ilicitamente.

A procuração deve ser preenchida de forma correta para ter validade. Deve conter:

- qualificação completa do mandante (outorgante): nacionalidade, estado civil, profissão, número da cédula de identidade, número da inscrição no Cadastro de Pessoa Física (CPF), domicílio. No caso de pessoa jurídica, acrescentar todos os dados do representante legal;
- qualificação completa do procurador: nacionalidade, estado civil, profissão, número da cédula de identidade (ou número de registro na OAB), número da inscrição no Cadastro de Pessoa Física (CPF), domicílio e/ou endereço profissional;
- descrição dos poderes: o objetivo da outorga, a natureza, a designação e a extensão dos poderes outorgados ao procurador. Também pode-se especificar a finalidade da procuração (ex.: "em especial, para impetrar com ação cível perante a Vara...");

- cidade onde serão exercidos os poderes;
- data, cidade e assinatura do outorgante.

O reconhecimento de firma, no caso das procurações *ad judicia*, fica a critério do advogado, pois este tem fé pública. A lei permite que a assinatura seja realizada de forma digital.

Para o Poder Judiciário, as procurações são essenciais para a propositura da demanda e/ou para realizar qualquer defesa. Em alguns casos, como de pensão alimentícia (Vara da Família), as procurações de menores de 16 anos devem ser preenchidas em nome da genitora, a qual deve assinar a procuração em nome do filho menor. Os menores entre 16 e 18 anos (semicapazes) podem assinar sozinhos as procurações (caso o menor complete 16 anos no curso do processo, o procurador deverá juntar nova procuração).

A forma de outorgar a procuração está expressa na lei, no art. 105 do CPC:

> Art. 105. A procuração geral para o foro, outorgada por instrumento público ou particular assinado pela parte, habilita o advogado a praticar todos os atos do processo, exceto receber citação, confessar, reconhecer a procedência do pedido, transigir, desistir, renunciar ao direito sobre o qual se funda a ação, receber, dar quitação, firmar compromisso e assinar declaração de hipossuficiência econômica, que devem constar de cláusula específica.
>
> § 1º A procuração pode ser assinada digitalmente, na forma da lei.

§ 2º A procuração deverá conter o nome do advogado, seu número de inscrição na Ordem dos Advogados do Brasil e endereço completo.

§ 3º Se o outorgado integrar sociedade de advogados, a procuração também deverá conter o nome dessa, seu número de registro na Ordem dos Advogados do Brasil e endereço completo.

§ 4º Salvo disposição expressa em sentido contrário constante do próprio instrumento, a procuração outorgada na fase de conhecimento é eficaz para todas as fases do processo, inclusive para o cumprimento de sentença. (Brasil, 2015)

Portanto, a procuração deve conter expressos os objetivos gerais dos poderes do advogado. Se for uma procuração com amplos poderes, estes devem estar elencados em cláusula específica – nesse caso, o advogado pode realizar vários atos além dos atos processuais. A procuração é válida para todas as fases do processo. O endereço completo, citado no artigo, contempla os endereços físicos e eletrônicos do outorgante e do outorgado.

O advogado pode postular em causa própria, já que tem habilitação legal, conforme dispõe o parágrafo único do art. 103 do CPC: "É lícito à parte postular em causa própria quando tiver habilitação legal" (Brasil, 2015). Nesse contexto, vale lembrarmos dos juizados especiais federais e estaduais, que permitem à parte, até uma faixa de valor da causa, postular demanda sem a necessidade do advogado.

O art. 106 do CPC acrescenta:

> Art. 106. Quando postular em causa própria, incumbe ao advogado:
>
> I – declarar, na petição inicial ou na contestação, o endereço, seu número de inscrição na Ordem dos Advogados do Brasil e o nome da sociedade de advogados da qual participa, para o recebimento de intimações;
>
> II – comunicar ao juízo qualquer mudança de endereço.
>
> § 1º Se o advogado descumprir o disposto no inciso I, o juiz ordenará que se supra a omissão, no prazo de 5 (cinco) dias, antes de determinar a citação do réu, sob pena de indeferimento da petição.
>
> § 2º Se o advogado infringir o previsto no inciso II, serão consideradas válidas as intimações enviadas por carta registrada ou meio eletrônico ao endereço constante dos autos. (Brasil, 2015)

— 5.2.1 —
Revogação da procuração

Após outorgada a procuração, o outorgante pode a qualquer momento revogá-la. Essa é uma das formas de saída do advogado do processo, quando o cliente resolve revogar a procuração outorgada ao advogado.

A revogação é um ato personalíssimo, praticado apenas pelo cliente. Na revogação, o cliente anula, desfaz, elimina, invalida, derroga a procuração *ad judicia* outorgada ao procurador. Tal situação pode ocorrer por insatisfação, por constatar inépcia do advogado, por considerar que o preço ajustado não é adequado, por se sentir maltratado pelo procurador etc. Vejamos o que diz o art. 111 do CPC:

> Art. 111 A parte que revogar o mandato outorgado a seu advogado constituirá, no mesmo ato, outro que assuma o patrocínio da causa.
>
> Parágrafo único. Não sendo constituído novo procurador no prazo de 15 (quinze) dias, observar-se-á o disposto no art. 76.

O legislador foi racional ao declarar que, ao renunciar a procuração, o outorgante deverá imediatamente constituir outro procurador para assumir o processo. Não constituindo outro advogado, deve-se observar o disposto no art. 76 do CPC:

> Art. 76. Verificada a incapacidade processual ou a irregularidade da representação da parte, o juiz suspenderá o processo e designará prazo razoável para que seja sanado o vício.
>
> § 1º Descumprida a determinação, caso o processo esteja na instância originária:
>
> I – o processo será extinto, se a providência couber ao autor;
>
> II – o réu será considerado revel, se a providência lhe couber;
>
> III – o terceiro será considerado revel ou excluído do processo, dependendo do polo em que se encontre.

§ 2º Descumprida a determinação em fase recursal perante tribunal de justiça, tribunal regional federal ou tribunal superior, o relator:

I – não conhecerá do recurso, se a providência couber ao recorrente;

II – determinará o desentranhamento das contrarrazões, se a providência couber ao recorrido. (Brasil, 2015)

Portanto, o outorgante corre o risco de extinção do processo; se for terceiro, será revel e/ou excluído do processo. A parte ainda corre o risco de ser considerada revel caso não tome providências para regularizar a representação.

No caso da revogação sem justificava plausível, ou seja, que não foi ensejada por desídia do advogado ou falta de capacidade técnica, os honorários pactuados contratualmente deverão ser pagos pelo autor, pois decorrem de contrato de livre vontade e legalmente pactuado entre as partes. Eis o que diz a jurisprudência a esse respeito:

> AÇÃO DE COBRANÇA – HONORÁRIOS ADVOCATÍCIOS – REVOGAÇÃO DE MANDATO – ARBITRAMENTO – RECURSO NÃO PROVIDO
>
> **Revogado o mandato judicial, o advogado faz jus ao recebimento dos honorários contratados, não havendo necessidade de arbitramento quando há prova escrita suficiente para demonstrar sua estipulação.** Somente a inexistência de estipulação escrita ou acordo a respeito dos honorários

advocatícios justificariam o arbitramento judicial, à luz do § 20 do art. 22 da Lei nº 8 906/94. (TJ-SP, 2009, grifo nosso)

EMENTA: APELAÇÃO CÍVEL – AÇÃO DE ARBITRAMENTO DE HONORÁRIOS ADVOCATÍCIOS – CONTRATO DE PRESTAÇÃO DE SERVIÇOS ADVOCATÍCIOS – CLÁUSULA DE ÊXITO – REVOGAÇÃO IMOTIVADA DO MANDATO PELO CONTRATANTE – ARBITRAMENTO JUDICIAL – POSSIBILIDADE

A previsão contratual estabelecendo a forma de remuneração do profissional (atrelada à sucumbência nos processos conduzidos pelo mandatário) não impede que o contratado busque o arbitramento judicial dos honorários, porquanto a rescisão do contrato e a revogação do mandato inviabilizam o pagamento na forma anteriormente estabelecida pelas partes. (TJ-MG, 2019a, grifo nosso)

Na hipótese de não haver contrato escrito, e no caso em que o mandato tenha sido revogado e o contrato tenha sido rescindido, o juiz poderá arbitrar os valores referentes aos honorários devidos pela parte, em relação aos serviços executados até o momento da revogação.

— 5.2.2 —
Renúncia da procuração

Outra forma de saída do advogado do processo é a renúncia da procuração, feita pelo advogado que não tem mais interesse em patrocinar a causa. A renúncia pode ocorrer por inúmeras situações, como falta de pagamento de honorários, falta de condições de trabalho, ameaças sofridas dos clientes, descrença na causa, questões psicológicas, problemas de saúde etc.

Desse modo, o advogado desiste, recusa-se a continuar na demanda e rejeita os poderes que lhe foram conferidos pelo outorgado. A renúncia deve ser feita por escrito, conforme preconiza o art. 112 do CPC:

> Art. 112 O advogado poderá renunciar ao mandato a qualquer tempo, provando, na forma prevista neste Código, que comunicou a renúncia ao mandante, a fim de que este nomeie sucessor.
>
> § 1º Durante os 10 (dez) dias seguintes, o advogado continuará a representar o mandante, desde que necessário para lhe evitar prejuízo.
>
> § 2º Dispensa-se a comunicação referida no *caput* quando a procuração tiver sido outorgada a vários advogados e a parte continuar representada por outro, apesar da renúncia.

O advogado deve notificar o cliente por escrito (por Correios, com Aviso de Recebimento, e/ou pessoalmente mediante assinatura do cliente dando contrafé da notificação). Na notificação, deve constar que não tem mais interesse em patrocinar a causa. Caso entenda necessário, pode acrescentar a motivação para a saída e/ou citar que está revogando o mandato por questões de foro íntimo (sem a necessidade de justificar a saída do processo).

Com a comprovação da notificação do cliente em mãos, o advogado deverá comunicar o juízo, protocolando no processo uma petição de revogação e juntando o comprovante de notificação do outorgante (cliente). Mesmo após o aviso ao juízo da revogação, o advogado continuará a representar o mandante durante dez dias para evitar prejuízo processual.

Dispensa-se notificação nos casos em que existam mais de um advogado habilitado no processo representando a parte.

— 5.2.3 —
Substabelecimento da procuração

O advogado pode transmitir (substabelecer) os poderes a ele outorgados de duas formas: parcialmente, com reserva de poderes, ou totalmente, sem reserva de poderes (concedendo ao novo procurador todos os poderes a ele outorgados). A transferência dos poderes se dá pelo ato de substabelecimento de poderes. O substabelecimento com reserva de poderes é um ato provisório, pois o advogado continua no processo; ele apenas dá ao outro advogado poderes para realizar alguns atos do processo e/ou para acompanhá-lo em conjunto. No caso do substabelecimento com amplos poderes, ou sem reserva de poderes, o advogado deixa o processo, passando o novo procurador a ter poderes amplos e irrestritos com relação à outorga realizada anteriormente.

O art. 26 do Estatuto da OAB estabelece que:

> Art. 26. O advogado substabelecido, com reserva de poderes, não pode cobrar honorários sem a intervenção daquele que lhe conferiu o substabelecimento. (Brasil, 1994b)

Assim, é importante que, no substabelecimento da procuração, o advogado já deixe expresso os poderes. Caso não deixe expresso, o advogado deve comunicar o outorgante da necessidade de substabelecer com reserva de poderes e/ou sem reserva de poderes. Desse modo, não responderá por possíveis danos no processo causados pelo substabelecido. Vejamos o art. 667 do Código Civil:

> Art. 667. O mandatário é obrigado a aplicar toda sua diligência habitual na execução do mandato, e a indenizar qualquer prejuízo causado por culpa sua ou daquele a quem substabelecer, sem autorização, poderes que devia exercer pessoalmente.
>
> §1º Se, não obstante proibição do mandante, o mandatário se fizer substituir na execução do mandato, responderá ao seu constituinte pelos prejuízos ocorridos sob a gerência do substituto, embora provenientes de caso fortuito, salvo provando que o caso teria sobrevindo, ainda que não tivesse havido substabelecimento.
>
> §2º Havendo poderes de substabelecer, só serão imputáveis ao mandatário os danos causados pelo substabelecido, se tiver agido com culpa na escolha deste ou nas instruções dadas a ele.

§3º Se a proibição de substabelecer constar da procuração, os atos praticados pelo substabelecido não obrigam o mandante, salvo ratificação expressa, que retroagirá à data do ato.

§4º Sendo omissa a procuração quanto ao substabelecimento, o procurador será responsável se o substabelecido proceder culposamente. (Brasil, 2015)

O art. 668 do Código Civil acrescenta: "O mandatário é obrigado a dar constas de sua gerência ao mandante, transferindo-lhe as vantagens provenientes do mandato, por qualquer título que seja" (Brasil, 2015).

Para se resguardar de possíveis problemas, sempre que for realizado um substabelecimento, é aconselhável que o outorgado (advogado) notifique por escrito o outorgante (cliente) sobre o substabelecimento da procuração (mandato) com ou sem reserva de poderes.

— 5.3 —
Falecimento do cliente e/ou do advogado no curso do processo

A única certeza que todos temos na vida é de que um dia morreremos. Tal fatalidade pode ocorrer com as partes integrantes de um processo em curso ou com o advogado constituído para impetrar uma ação ou defender os interesses de seu cliente.

Quando uma das partes integrantes falece no curso do processo, a lei dispõe que, de imediato, o processo seja suspenso para serem tomadas providências de modo a regularizar o trâmite processual. Caso faleça o autor da demanda, a procuração perde a validade; caso faleça o advogado, o autor deixa de ser representado legalmente no processo. A seguir, reproduzidos o que está expresso no art. 313 do CPC:

> Art. 313. Suspende-se o processo:
>
> I – pela morte ou pela perda da capacidade processual de qualquer das partes, de seu representante legal ou de seu procurador;
>
> [...]
>
> § 1º Na hipótese do inciso I, o juiz suspenderá o processo, nos termos do art. 689.

Caso o autor faleça e o direito pleiteado (litigado) no processo seja transmissível, o juiz determinará a intimação do procurador (conforme cada situação) para regularizar a representação processual. O procurador deve apresentar o possível inventariante, sucessor e/ou herdeiros para se habilitarem no processo no prazo designado pelo juízo.

Caso a parte requerida tenha falecido, é obrigação do autor promover a intimação do possível inventariante, sucessor e/ou herdeiros no prazo determinado pelo juízo.

Nas duas situações, se não for atendida a determinação judicial, o juiz poderá extinguir o processo nos termos do parágrafo 2º e incisos do art. 313 do CPC.

Se o advogado falecer e o autor não tiver conhecimento da morte, nem o juízo, é inquestionável que as decisões tomadas a partir da data da morte do advogado (procurador) que sejam desfavoráveis ao autor devem ser consideradas nulas, pois afrontam diretamente o direito ao contraditório. Assim entendem as jurisprudências pátrias:

> Processo Civil. Agravo no recurso Especial. Morte do procurador. Suspensão. Necessidade de comunicação ao juízo. Ausência. – **A morte do advogado da parte suspende o processo a partir do instante mesmo da ocorrência geradora da suspensão, comunicado, ou não, o fato ao juiz. Agravo não provido.** (STJ, 2009, grifo nosso)
>
> AGRAVO INTERNO NO RECURSO ESPECIAL. EXECUÇÃO EXTRAJUDICIAL. MORTE DO ADVOGADO DA PARTE EXECUTADA. DESCONHECIMENTO DO FATO PELA OUTORGANTE E PELO JUÍZO. NULIDADE DOS ATOS POSTERIORMENTE PRATICADOS.
>
> **1.b Constitui efeito do falecimento do advogado da parte a suspensão do processo, revelando-se nulos os atos praticados em desfavor da outorgante, pois sobre eles não pode exercer qualquer direito de defesa.**

2. Caso concreto em que não se tem indícios de ciência acerca do falecimento do profissional pela parte por ele representada judicialmente, não se podendo presumir a omissão intencional desse fato, ou seja, a deslealdade processual da executada. 3. AGRAVO INTERNO DESPROVIDO. (STJ, 2017, grifo nosso)

Portanto, com o falecimento do advogado, existe a necessidade de ser constituído um novo procurador pela parte representada pelo falecido, para que os atos processuais passem a ter validade a partir da data do falecimento, já que o processo perde o procurador devidamente habilitado para realizar os atos processuais. Assim que o juízo tomar conhecimento da morte por conta própria e/ou por informação da parte, determinará (por meio de intimação entregue por oficial de justiça) que a parte constitua um novo procurador no prazo de 15 dias, conforme preconiza o art. 313, parágrafo 3º, do CPC.

Nesse caso, os honorários de sucumbência serão devidos aos sucessores ou representantes legais, conforme dispõe o art. 24, parágrafo 2º, do Estatuto da OAB: "Na hipótese de falecimento ou incapacidade civil do advogado, os honorários de sucumbência, proporcionais ao trabalho realizado, são recebidos por seus sucessores ou representantes legais". Há tempos a jurisprudência tem esse entendimento:

EMBARGOS A EXECUÇÃO DE TÍTULO JUDICIAL. HONORÁRIOS DE SUCUMBÊNCIA. EXECUÇÃO PROPOSTA EM NOME DO ADVOGADO. POSSIBILIDADE. FALECIMENTO DO PROCURADOR QUE ATUOU NO FEITO. DIREITO DOS SUCESSORES.

FORMAÇÃO NECESSÁRIA DE LITISCONSÓRCIO NO POLO ATIVO. NULIDADE RECONHECIDA. APELAÇÃO PROVIDA EM PARTE. RECURSO ADESIVO PREJUDICADO. 1 - "O advogado tem direito autônomo de executar a decisão judicial, na parte em que condenou o vencido ao pagamento dos ônus sucumbenciais, exegese admitida por esta Corte ainda na vigência da legislação anterior à Lei nº 8.906/94, que alterou o art. 23 do antigo Estatuto da OAB." (Resp 541308/RS, rel. Min. ARI PARGENDLER, 3ª Turma) 2- **Falecendo o advogado no curso da ação, os honorários de sucumbência serão recebidos por seus sucessores ou representantes legais (inteligência do art. 24 § 2º do EA). 3- O espólio do advogado falecido haverá de integrar a lide no polo ativo da execução dos honorários de sucumbência, se o novo advogado pretende executar a sentença em nome próprio.** (TJ-PR, 2005, grifo nosso)

Logo, existindo honorários de sucumbência para receber, mesmo que proporcionais, o espólio do advogado terá o direito de pleitear a execução dos valores devidos. Com relação aos honorários contratuais, com a morte do constituinte a procuração perde a validade; entretanto, os débitos e créditos passam automaticamente ao patrimônio do espólio. Assim, caso seja substituída a parte pelo espólio, é o espólio que passa a responder pelos valores contratuais devidos. Mesmo não ocorrendo a substituição processual, o advogado tem a possibilidade de realizar o pedido de pagamento nos autos de inventário da parte falecida por tratar de dívida pertencente a esta. Vejamos a jurisprudência:

EMENTA: AGRAVO DE INSTRUMENTO – HONORÁRIOS ADVOCATÍCIOS CONTRATUAIS – FALECIMENTO DO CONSTITUINTE – HABILITAÇÃO DO DÉBITO NO PROCESSO DE INVENTÁRIO – POSSIBILIDADE – RECURSO DESPROVIDO.

Diante do falecimento do constituinte os débitos e créditos passam automaticamente ao patrimônio do espólio, motivo pelo qual o pedido de pagamento dos honorários contratuais deve ser direcionado nos Autos do inventário por se tratar de dívida pertencente ao mesmo. (TJ-MT, 2019, grifo nosso)

Desse modo, o advogado inicialmente deve notificar o espólio para pagamento voluntário no prazo legal. Se restar infrutífera a cobrança, o advogado poderá pleitear o recebimento dos valores devidos diretamente no processo de inventário do falecido, devendo, para tanto, se habilitar no processo de inventário.

Curiosidade

O advogado mais velho do Brasil

Fazemos aqui uma breve homenagem *in memorian* ao Sr. Edgar Silva, baiano, que dedicou 75 anos da sua vida para a advocacia. Silva era considerado o advogado mais velho do Brasil quando faleceu, aos 102 anos, em 28 de outubro de 2015, em plena atividade profissional.

Seu registro na OAB baiana era a de número 642. Silva recebeu da OAB/BA uma homenagem quando completou 100 anos, momento em que disse: "Não tenho do que me queixar: Deus permitiu que eu chegasse aos 100 anos, lúcido e com vontade de continuar trabalhando numa profissão [pela qual], desde jovem, me apaixonei" (Aos 102 anos..., 2015).

Capítulo 6

*Modelos de documentos para
a atividade advocatícia*

Agora, apresentaremos alguns modelos de documentos mais recorrentes na atividade profissional do advogado. São modelos simples e didáticos de procuração, declaração de hipossuficiência, notificação de renúncia, petição de renúncia, substabelecimento com e sem reserva de poderes e contrato de honorários.

Esses exemplos servem como um guia para a construção definitiva dos seus próprios documentos.

— 6.1 —

Procurações

PROCURAÇÃO AD JUDICIA ET EXTRA

PESSOA FÍSICA

OUTORGANTE: (QUALIFICAÇÃO): nome, nacionalidade, estado civil (ou a existência de união estável), profissão, portador da cédula de identidade RG n., devidamente inscrito no CPF/MF sob o n., endereço eletrônico (e-mail), domicílio e residência à rua, bairro, CEP, cidade, estado.

OUTORGADO(A): (QUALIFICAÇÃO DO ADVOGADO): nome, nacionalidade, estado civil, profissão (advogado), inscrição na OAB/Estado, endereço profissional à rua, bairro, CEP, cidade, estado, endereço eletrônico.

PODERES: Mediante o presente instrumento particular de mandato, o OUTORGANTE nomeia e constitui como seu(sua) procurador(a) o(a) OUTORGADO(A), concedendo-lhe amplos poderes, inerentes ao bom e fiel cumprimento deste mandato, bem como para o foro em geral, e os especiais para transigir, desistir, receber, dar quitação, firmar compromisso, assinar declaração de hipossuficiência econômica, firmar compromisso, substabelecer, receber intimações, praticar todos os atos perante repartições públicas federais, estaduais e municipais, órgãos da administração pública direta e indireta, praticar quaisquer atos perante particulares ou empresas privadas, incluindo bancos públicos ou privados, recorrer a quaisquer instâncias e tribunais, fazer levantamento de alvará judicial, dando tudo por bom, firme e valioso, tudo em conformidade com o estabelecido no artigo 105 do Novo Código de Processo Civil, em especial para defender seus interesses judiciais referente (ou perante) (incluir assunto, vara – cidade e estado. Caso seja necessário, pode incluir o nome da parte requerida, ex.: para impetrar demanda cível em face de "Fulano de Tal").

Cidade e data

_____

OUTORGANTE

PROCURAÇÃO AD JUDICIA ET EXTRA

PESSOA JURÍDICA

OUTORGANTE: (QUALIFICAÇÃO): nome, nacionalidade, pessoa jurídica de direito privado (pública), devidamente inscrito no CPF/MF sob o n., endereço eletrônico (*e-mail*), com sede à rua, CEP, bairro, cidade, estado, neste ato representado(a) por seu representante legal (gerente geral, presidente, proprietário etc.), nome, nacionalidade, estado civil (ou a existência de união estável), profissão, número de CPF, endereço eletrônico (*e-mail*), domicílio e residência à rua, bairro, CEP, cidade, estado.

OUTORGADO(A): (QUALIFICAÇÃO DO ADVOGADO): nome, nacionalidade, estado civil, profissão (advogado), inscrição na OAB/estado, endereço profissional à rua, bairro, CEP, cidade, estado, endereço eletrônico.

PODERES: Mediante o presente instrumento particular de mandato, o OUTORGANTE nomeia e constitui como seu(sua) procurador(a) o(a) OUTORGADO(A), concedendo-lhe amplos poderes, inerentes ao bom e fiel cumprimento deste mandato, bem como para o foro em geral, e os especiais para transigir, desistir, receber, dar quitação, firmar compromisso, assinar declaração de hipossuficiência econômica, firmar compromisso, substabelecer, receber intimações, praticar todos os atos perante repartições públicas federais, estaduais e municipais, órgãos da administração pública direta e indireta, praticar quaisquer atos perante particulares ou empresas privadas, incluindo bancos públicos ou privados, recorrer a quaisquer instâncias e tribunais, fazer levantamento de alvará judicial, dando tudo por bom, firme e valioso, tudo em conformidade com o estabelecido no artigo 105 do Novo Código de Processo Civil, em especial para defender seus interesses judiciais referente (ou perante) (incluir assunto, vara – cidade e estado. Caso seja necessário, pode incluir o nome da parte requerida, ex.: para impetrar demanda cível em face de "Fulano de Tal").

Cidade e data

_____

OUTORGANTE

— 6.2 —
Declaração de hipossuficiência (declaração de pobreza)

DECLARAÇÃO DE HIPOSSUFICIÊNCIA

(DECLARAÇÃO DE POBREZA)

EU, nome completo, nacionalidade, estado civil, profissão, portador(a) da cédula de identidade (RG) n., SESP/estado, devidamente inscrito(a) no cadastro de pessoa física (CPF/MF) n., residente e domiciliado na (rua, alameda, avenida, etc.), CEP, bairro, cidade, estado, *e-mail*, declaro que não posso suportar com as despesas processuais (e de honorários advocatícios – caso o advogado seja gratuito também) decorrentes desta demanda sem prejuízo do meu próprio sustento e de minha família. Assim, venho requerer a concessão do benefício da gratuidade de Justiça, nos termos do artigo 5º, LXXIV, da Constituição da República Federativa do Brasil de 1988 e artigos 82 e 98 do Código de Processo Civil, por entender que neste momento sou pobre no sentido legal da acepção.

Ao final, venho declarar que estou ciente das sanções penais a que estarei sujeito caso seja comprovado serem inverídicas as declarações aqui prestadas por mim, sobretudo a disciplinada no artigo 299 do Código Penal.

Por ser verdade, firmo o presente.

Cidade e data

_____

DECLARANTE

— 6.3 —
Notificação extrajudicial de renúncia

NOTIFICAÇÃO DE RENÚNCIA
DE MANDATO EXTRAJUDICIAL

NOTIFICANTE(S): (QUALIFICAÇÃO DO ADVOGADO): nome, nacionalidade, estado civil, profissão (advogado), inscrição na OAB/estado, endereço profissional à rua, bairro, CEP, cidade, estado, endereço eletrônico.

NOTIFICADO(A): (QUALIFICAÇÃO): nome, nacionalidade, estado civil (ou a existência de união estável), profissão, portador da cédula de identidade RG n., devidamente inscrito no CPF/MF sob o n., endereço eletrônico (*e-mail*), domicílio e residência à rua, bairro, CEP, cidade, estado.

- SE FOR PESSOA JURÍDICA, ACRESCENTAR O REPRESENTANTE LEGAL COMO NOTIFICADO(A).

Prezada Senhor(a),

Vimos, por meio desta, notificar Vossa Senhoria e formalizar a nossa renúncia ao mandato que nos fora outorgado por procuração *ad judicia* para o fim de representá-lo(a) na Ação de n., que tramita na _____ª Vara de _____, cidade, estado.

(Pode-se reportar a rescisão do contrato de prestação de serviço no mesmo momento acrescentando-se o seguinte: *Por conseguinte, reportamos a rescisão do contrato de prestação de serviços firmados. Caso não queira rescindir, é só retirar esse parágrafo.*)

Portanto, na forma do art. 112 do Código de Processo Civil, comunicamos a **Renúncia ao Mandato**. Segue o dispositivo legal:

Art. 112. O advogado poderá renunciar ao mandato a qualquer tempo, provando, na forma prevista neste Código, que comunicou a renúncia ao mandante, de modo que este nomeie sucessor.

§ 1º Durante os 10 (dez) dias seguintes, o advogado continuará a representar o mandante, desde que necessário para lhe evitar prejuízo.

§ 2º Dispensa-se a comunicação referida no *caput* quando a procuração tiver sido outorgada a vários advogados e a parte continuar representada por outro, apesar da renúncia.

Assim, fica Vossa Senhoria notificada e ciente da renúncia acima expressa, tendo o prazo de 10 (dez) dias, nos termos do art. 112, do Código de Processo Civil, para constituir novo advogado para atuar no referido processo.

No mais, renovam-se os votos de elevada estima e consideração.

Atenciosamente,

Cidade e data

ADVOGADO

Observação: A notificação pode ser enviada pelo Correio com Aviso de Recebimento (AR) e/ou com contrafé no corpo da notificação, na qual o notificado dará ciência do recebimento da notificação.

— 6.4 —
Petição de renúncia para protocolar no processo

PETIÇÃO DE COMUNICAÇÃO DE RENÚNCIA AO JUÍZO

EXCELENTÍSSIMO(A) SENHOR(A) DOUTOR(A) JUIZ(A) DE DIREITO DA ____º VARA _____ - FORO DA COMARCA DE _____, ESTADO DO(DE) _____.

Processo n.: _____

Nome do advogado, (QUALIFICAÇÃO DO ADVOGADO): nome, nacionalidade, estado civil, profissão (advogado), endereço profissional à rua, bairro, CEP, cidade, estado, endereço eletrônico, brasileiro, estado civil (ou a existência de união estável), advogado, regularmente inscrito na OAB/___ sob o n., na qualidade de procurador da parte autor(a), nos autos da presente (tipo da ação) e não mais desejando patrocinar a presente demanda, por motivos de foro íntimo, vem respeitosamente à presença de Vossa Excelência RENUNCIAR AO MANDATO, requerendo que se digne em determinar a notificação da parte demandante, Sr.(a) _____, para que esta constitua novo procurador no prazo legal, em conformidade com o exposto no art. 112 e parágrafos do NCPC.

Requer, neste momento, a juntada do comprovante de comunicação da referida renúncia (notificação envia à parte), que segue anexa.

Termos em que pede deferimento.

Cidade, data.

Nome do advogado

OAB/___ n.

— 6.5 —
Notificação extrajudicial de revogação

NOTIFICAÇÃO DE REVOGAÇÃO

NOTIFICANTE(S): (QUEM OUTORGOU A PROCURAÇÃO) (QUALIFICAÇÃO COMPLETA): nome, nacionalidade, estado civil, profissão (advogado), inscrição na OAB/estado, endereço profissional à rua, bairro, CEP, cidade, estado, endereço eletrônico, neste ato representado por seu novo procurador, procuração anexa, com endereço profissional à rua, CEP, bairro, cidade, estado, endereço eletrônico (*e-mail*).

NOTIFICADO(A): (QUEM FOI OUTORGADO – ADVOGADO QUE VAI SAIR DO PROCESSO) (QUALIFICAÇÃO COMPLETA): nome, nacionalidade, estado civil (ou a existência de união estável), profissão, portador da cédula de identidade RG n., devidamente inscrito no CPF/MF sob o n., endereço eletrônico (*e-mail*), domicílio e residência à rua, bairro, CEP, cidade, estado.

Prezado Senhor(a),

Ref.: Notificação de revogação de mandato de procuração

Eu, (nome completo), representante legal do notificante (nome completo), devidamente qualificados em epígrafe, com a devida procuração anexa (anexar à notificação a nova procuração dando poderes ao novo advogado), vem notificar para fins de REVOGAR A PROCURAÇÃO *ad judicia* outorgada pela notificante a Vossa Senhoria, bem como dos eventuais substabelecimentos dela resultante, referente ao processo n., em trâmite perante a ____[a] Vara _____ da Comarca de cidade e estado.

Oportunidade em que informa que já constituiu o signatário como seu novo procurador nos autos acima identificados, tudo em conformidade com o artigo 111 do Código de Processo Civil.

Cidade e data

_____

ADVOGADO

OAB/___, n.

— 6.6 —
Substabelecimento com e sem reservas de poderes

SUBSTABELECIMENTO

COM OU SEM RESERVA DE PODERES

(Nome do advogado(a) outorgado(a) na procuração), (nacionalidade), (estado civil), advogado(a) inscrito (a) na OAB/____, sob o n., com escritório profissional situado no endereço, CEP, bairro, cidade, estado, vem SUBSTABE-LECER **com reserva (ou SEM RESERVAS DE PODERES)** de poderes (nome advogado(a) a ser substabelecido(a)), (nacionalidade), (estado civil), advogado(a) inscrito(a) na OAB/____ sob n., nos autos do processo n., podendo, enfim, a partir de então, praticar (**se for sem reservas: todos os atos necessários na demanda, iguais aos que me foram outorgados**) os seguintes atos: (colocar os atos dos poderes substabelecidos, ex.: participar da audiência, participar de oitiva etc.).

> Cidade e data
>
> _____
> ADVOGADO
> OAB/____, n.

Observações:

a) Verificar se o substabelecimento é com ou sem reserva de poderes.

b) Nos processos eletrônicos, na maioria dos sistemas, não existe necessidade de peticionar para pedir a juntada do substabelecimento. É só abrir a aba de substabelecimento, fazer o preenchimento com os dados necessários, incluir o novo advogado e juntar a petição de substabelecimento. O substabelecimento é realizado de forma automática, sem a necessidade de conclusão para o juiz deferir o substabelecimento, pois será assinado digitalmente pelo advogado.

— 6.7 —
Contrato de honorários advocatícios

CONTRATO DE HONORÁRIOS ADVOCATÍCIOS

Pelo presente instrumento particular, lido e firmado pelas partes, abaixo nominadas e qualificadas, e pelas testemunhas que subscrevem, fica estabelecido o presente Contrato de Honorários Advocatícios, o qual reger-se-á pelas cláusulas a seguir aduzidas:

CLÁUSULA PRIMEIRA – DAS PARTES

1.1. CONTRATANTE(S):

(QUALIFICAÇÃO CLIENTE), nacionalidade _____, estado civil _____, nascido(a) em ____/____/____, profissão _____, portador(a) da cédula de identidade RG n. _____ SESP/____, devidamente inscrito(a) no CPF/MF sob o n. _____, residente e domiciliado (rua, travessa, avenida), n. ____, bairro _____, cidade _____, estado do(e) _____, CEP _____, telefone (___) _____, e-mail: _____.

1.2. CONTRATADO(S):

(QUALIFICAÇÃO ADVOGADO), nacionalidade _____, estado civil _____, advogado, regularmente inscrito no Quadro da Ordem dos Advogados do Brasil, Seccional _____ _____, sob o n. _____, com escritório profissional (rua, travessa, avenida), n. ____, bairro _____, cidade _____, estado do(e) _____, CEP _____, telefone (___) _____, e-mail: _____.

CLÁUSULA SEGUNDA – OBJETO DO CONTRATO

2.1. O presente contrato de prestação de serviços de honorários advocatícios tem como objeto a obrigação do contratado face ao mandato que lhe foi outorgado, que faz parte integrante do presente contrato, a prestação de serviços especializados técnicos advocatícios a serem realizados especificamente para (discriminar o serviço a ser realizado): _____

_____

CLÁUSULA TERCEIRA – DOS HONORÁRIOS

3.1. A título de remuneração pelos serviços profissionais ora contratados e devidamente discriminados na cláusula anterior, o **CONTRATANTE** pagará ao **CONTRATADO**, a título de honorários de prestação de serviço advocatícios, o valor de R$ _____ (_____).
(COLOCAR A FORMA DE PAGAMENTO AQUI).

OS HONORÁRIOS aqui pactuados entre as partes abarcam os serviços prestados até a _____ (preencher: ex.: sentença de 1º grau, até o acórdão instância de 2º grau, todas as instâncias etc.)

(CASO OS HONORÁRIOS SEJAM COBRADOS SOBRE O RESULTADO DO PROCESSO (AÇÃO, DEMANDA), colocar aqui a forma – ex.: ações, trabalhistas, danos morais, previdenciárias etc.)

3.2. Fica acordado que todas as possíveis despesas extrajudiciais necessárias relacionadas ao cumprimento dos serviços contratados, como tributos, impostos, taxas, custas, xerox, autenticações, certidões, viagens, hospedagens, alimentação e locomoção urbana, serão de responsabilidade de custeio pelo ora **CONTRATANTE**, devendo o CONTRATADO caso seja possível avisar para adiantamento antecipado dos valores, caso não seja possível, as despesas deverão ser ressarcidas com apresentação dos respectivos recibos pelo **CONTRATADO**, em futura prestação de constas.

3.3. Quaisquer outros serviços prestados pelo CONTRATADO que não faça parte do objeto do presente contrato serão cobrados à parte, por valor não inferior ao mínimo estabelecido na Tabela de Honorários da OAB/_____.

3.4. O **CONTRATANTE** fica desde já ciente que contatos realizados por meio de mensagens e telefonemas realizados fora do horário comercial ao **CONTRATADO**, principalmente em finais de semana e feriados, serão considerados como honorários excedentes, e serão cobrados conforme exposto no item 3.3.

3.5. Caso o **CONTRATADO** faça o levantamento de valores mediante alvará judicial, mandado de pagamento ou qualquer outro meio de recebimento nos autos, poderá descontar e/ou compensar os honorários aqui pactuados serem devidos, inclusive os da sucumbência, e outros valores que por ventura o **CONTRATANTE** lhe dever.

3.6. Fica o **CONTRATANTE** ciente de que havendo a necessidade durante o processo de contratação de outros profissionais (peritos, contadores, médicos etc.) para a instrução processual, poderá o escritório indicar o profissional de confiança, entretanto, o **CONTRATANTE** poderá aceitar ou não o profissional indicado pelo **CONTRATADO**. Ficando o **CONTRATANTE** ciente de que quaisquer despesas atinentes à contratação de terceiros para atuar no processo será de responsabilidade exclusiva do **CONTRATANTE**.

CLÁUSULA QUARTA – DAS OBRIGAÇÕES ADICIONAIS DAS PARTES

4.1. Obriga-se o **CONTRATANTE** a fornecer ao **CONTRATADO** durante o curso do processo todos os documentos e informações necessárias para a realização do trabalho, ficando o mesmo responsável pela idoneidade moral, legitimidade e veracidade das informações de documentações apresentadas, ficando comprometido a não faltar com a verdade com relação aos fatos ocorridos, se comprometendo a informar o advogado de quaisquer novidades, e/ou alterações em relação aos fatos e documentações apresentadas.

4.2. O **CONTRATANTE** está ciente de que o serviço prestado pelo **CONTRATADO** é de meios, e não de resultados. Dessa forma, o **CONTRATADO** não pode garantir qualquer resultado da causa (ação/demanda), ou dos procedimentos que vai realizar durante o processo, entretanto, o **CONTRATADO** não se exclui das responsabilidades civis por eventual falha na prestação dos serviços ora pactuados.

§ único: O **CONTRATANTE** fica ciente das possibilidades (do risco) em relação a possíveis condenações em relação a custas processuais e honorários de sucumbência, ficando o **CONTRATADO** excluído de quaisquer responsabilidades em relação às custas e sucumbências devidas pelo **CONTRATADO**.

4.3. O **CONTRATADO** não tem quaisquer vínculos empregatícios com o ora CONTRATANTE, dessa forma, não existe subordinação e nem tão pouco vínculo empregatício.

4.4. O **CONTRATANTE** ficará obrigado a pagar as custas aqui pactuadas de forma antecipadas em caso de revogação da procuração outorgada sem a culpa do CONTRATADO, ou se constituir novo Advogado para o mesmo fim sem avisar o CONTRATADO, e sem que exista a concordância expressa do CONTRATADO;

4.5. Caso o **CONTRATANTE** pratique qualquer ato que afronte o estabelecido neste contrato de forma dolosa ou culposa em face do **CONTRATADO**, com objetivo de prejudicar o desenvolvimento dos trabalhos objeto da demanda, poderá o **CONTRATADO** substabelecer imediatamente sem reserva de poderes a procuração outorgada, exonerando-se de quaisquer obrigações pactuadas neste contrato e principalmente dos poderes que lhe foram outorgados no instrumento de mandato.

4.6. Este contrato é um título executivo extrajudicial; dessa forma, em caso de inadimplemento, independentemente de notificação judicial ou extrajudicial, as parcelas vincendas serão antecipadas imediatamente, podendo ser executado na forma do artigo 784, inciso III, do Código de Processo Civil, combinado com o artigo 24 da Lei n. 8.906/1994 (Estatuto da OAB), incidindo custas judiciais, juros de mora na razão de 1% ao mês, despesas e multa de 2% (dois por cento) sobre o valor devido.

4.7. O **CONTRATADO** fica autorizado, caso necessário, a substabelecer com reserva de poderes a procuração outorgada a outros advogados de seu escritório ou correspondentes, para a prática de atos processuais específicos.

CLÁUSULA QUINTA – DA DURAÇÃO DO CONTRATO

5.1. O presente contrato tem início na data de sua assinatura, sendo válido pelo prazo que durar o procedimento extrajudicial ou a ação judicial.

CLÁUSULA SEXTA – DO FORO DE ELEIÇÃO

6.1. Fica eleito o Foro Central, da Comarca _____, estado do(e) _____, para a solução de quaisquer conflitos oriundos do presente contrato de prestação de serviço de honorários advocatícios.

CLÁUSULA SÉTIMA – DISPOSIÇÕES FINAIS

7.1. As partes ficam obrigadas a atualizar os dados telefônicos e endereços eletrônicos. Caso o CONTRATANTE não atualize seus contatos, a responsabilidade por perda de possível ato processual relacionada a falta de comunicação recairá exclusivamente sobre o CONTRATANTE.

7.2. As partes dispensa-se reciprocamente o prévio reconhecimento de firma no presente instrumento, reconhecendo como verdadeiras as assinaturas apostas no presente contrato de prestação de serviços de honorários advocatícios.

§ único: em caso de pessoas analfabetas, o presente contrato será lido em voz alta na presença de duas testemunhas obrigatórias, que, ao final, assinam o presente instrumento, atendendo a formalidade legal.

7.3. As partes declaram no momento da assinatura que estão cientes de todas as condições estabelecidas neste instrumento e que têm correta compreensão de suas cláusulas, não existindo nenhuma dúvida e/ou incertezas em relação ao conteúdo expresso no contrato.

7.4. Obrigam-se o **CONTRATANTE** e seus sucessores(as) por todos os termos pactuados no presente contrato.

Para que surtam os efeitos legais, lavra-se este instrumento em três vias de igual teor, que vão assinadas pelas partes contratantes.

CIDADE E DATA

_____

CONTRATADO(S) – OAB/___ N. _____

_____

CONTRATANTE(S)

DIGITAL – ANALFABETO (S)

TESTEMUNHAS:

1 - _____

RG. N. _____

ENDEREÇO:

2 - _____

RG. N. _____

ENDEREÇO:

Os modelos expostos são passíveis de modificações conforme a situação fática, ou seja, cada caso deve ser tratado como único. Assim, não podem ser considerados como fonte única para todos os tipos de casos; é preciso formatá-los segundo a necessidade de cada caso concreto, já que, no direito, não existem modelos definitivos.

Curiosidade

A universidade mais antiga do mundo

A Universidade de Bolonha, na Itália, foi fundada em 1088. Até os dias atuais, é considerada uma das melhores universidades do mundo.

Pelos registros da própria instituição, os primeiros professores foram Pepone e Irnerius (Irnerio). Irnerio é considerado A Luz do Direito pela história da área (*Lucerna Iuris*). Fundou o primeiro curso de Direito do mundo em 1150. Podemos ainda citar professores e estudantes famosos como: Accursius (Accursio), Leon Battista Alberti, Laura Baassi, Geovan Domenico Cassini, Umberto Eco, Luigi Galvani e Petrarca (Universidade de Bolonha, 2021).

Figura 6.1 – Universidade de Bolonha

Considerações finais

Nesta obra, explicitamos que o profissional do direito tem a obrigação de buscar conhecimentos diversos daqueles de sua área de formação, já que a interdisciplinaridade é uma exigência para o sucesso profissional.

Abordamos também as várias formas de atuação do advogado: advogado particular, sociedade de advogados, advogado público e defensor público.

Com os temas expostos, buscamos promover uma reflexão sobre os caminhos a serem percorridos pelo profissional do direito, demonstrando com simplicidade sua responsabilidade social. A cultura social e profissional impõe ao advogado algumas regras sobre condutas, posturas, além de moral e ética profissional.

Evidenciamos que o advogado deve seguir as regras básicas de higiene pessoal e vestir-se e falar como advogado, ou seja, o profissional do direito deve sentir-se e ser advogado 24 horas de seu dia.

A busca por clientes é a tarefa mais difícil do profissional do direito. Por isso, a qualidade dos serviços prestados é a fórmula para a manutenção da clientela e para o sucesso profissional. Um cliente satisfeito pode indicar outros, e um cliente insatisfeito pode maldizer o profissional para vários outros possíveis clientes.

A rede mundial de computadores é uma grande aliada desses profissionais. Mediante os conteúdos nela publicados, o advogado pode se atualizar, se promover e ter acesso ao Poder Judiciário em plataformas específicas. No entanto, há regras e normas para a atuação do profissional de advocacia nas redes sociais. Nem tudo é permitido; afinal, esse canal deve servir como meio para transmissão de conhecimento jurídico e assistência social; nunca para autopromoção. Nesse contexto, o advogado deve estar atento ao que diz o Estatuto da OAB e as resoluções específicas. Nunca é demais lembrar que a advocacia não pode ser objeto de comercialização e ostentação.

Também abordamos os honorários advocatícios, que devem ser adequadamente cobrados para valorizar a categoria profissional. Existe uma tabela de referência da OAB em cada estado. Além disso, os valores devem ser estabelecidos com base no conhecimento técnico e experiência do profissional, na complexidade do trabalho e na duração do processo. E, claro, segundo a capacidade econômica do cliente.

Para tanto, o pacto dos serviços prestados deve, imprescindivelmente, preceder de um contrato de prestação de serviços de honorários advocatícios. Esse contrato possibilita ao cliente e ao profissional do direito definir os termos de responsabilidades, em um acordo de confiança entre as partes. A relação contratual entre advogado e cliente tem o potencial de evitar litígios processuais, fortalecer a classe e principalmente conferir mais credibilidade e dignidade aos profissionais do direito.

A relação do advogado com o cliente, no entanto, transcende o contrato de honorários advocatícios. Muitas vezes, a duração do processo envolve muitos acontecimentos no seu curso. Sobre isso, citamos no decorrer deste livro, de forma simples e sintetizada, algumas possibilidades, como a saída do advogado do processo, a renúncia e o substabelecimento em suas formas. Abordamos, ainda, a possibilidade de o advogado ou de o cliente falecer no percurso processual e as formas para substituição do procurador e do polo passivo da demanda.

Por conta de possíveis falhas na prestação de serviços advocatícios, por desentendimentos pessoais, financeiros etc., existe ainda a possibilidade de o advogado ser substituído pelo cliente por meio de revogação do mandato, ou pela rescisão contratual.

Enfim, procuramos fornecer aqui lições para fortalecer o entendimento de que, para ter sucesso profissional, não bastam conhecimentos teóricos e práticos; é preciso tratar o próximo com respeito e amor, com ética. Trata-se, portanto, de ser humano na profissão, ser humano com dignidade e, como já diz a Bíblia, amar ao próximo como a si mesmo.

Referências

AFASTADOS honorários de mais de R$ 20 milhões a advogado de devedor do Banco do Brasil. **Jus.com.br**, 2011. Disponível em: <https://stj.jusbrasil.com.br/noticias/3017022/afastados-honorarios-de-mais-de-r-20-milhoes-a-advogado-dedevedor-do-banco-do-brasil/amp>. Acesso em: 10 fev. 2022.

AOS 102 ANOS, morre o advogado mais velho do Brasil em atividade. **Conjur**, 28 out. 2015. Disponível em: <https://www.conjur.com.br/2015-out-28/aos-102-anos-morre-advogado-velho-brasil-atividade>. Acesso em: 10 fev. 2022.

ARRUDA, R. F. Advogado: doutor por direito. **Jus.com.br**, ago. 2017. Disponível em: <https://jus.com.br/artigos/60020/advogado-doutor-por-direito>. Acesso em: 7 fev. 2022.

BARBI, C. A. **Comentários ao Código de Processo Civil**. 10. ed. Rio de Janeiro: Forense, 1999.

BARBOSA, R. **Oração aos moços**. 2. ed. São Paulo: Edipro, 2021.

BÍBLIA Sagrada on-line. Disponível em: <https://www.bibliaon.com/>. Acesso em: 29 outo. 2021.

BRASIL. **Collecção das leis do Império do Brazil**: parte primeira. Rio de Janeiro: Typographia Nacional, 1878. Disponível em: <https://bd.camara.gov.br/bd/bitstream/handle/bdcamara/18351/colleccao_leis_1827_parte1.pdf?sequence=1>. Acesso em: 7 fev. 2022.

BRASIL. **Collecção de decretos, cartas imperiaes e alvarás do Império do Brazil**. Rio de Janeiro: Imprensa Nacional, 1885. Disponível em: <https://bd.camara.gov.br/bd/bitstream/handle/bdcamara/18341/colleccao_leis_1825_parte1.pdf?sequence=1>. Acesso em: 7 fev. 2022.

BRASIL. Constituição (1988). **Diário Oficial da União**, Brasília, DF, 5 out. 1988. Disponível em: <http://www.planalto.gov.br/ccivil_03/constituicao/constituicao.htm>. Acesso em: 10 fev. 2022.

BRASIL. Decreto-Lei n. 5.452, de 1º de maio de 1943. Aprova a Consolidação das Leis do Trabalho. **Diário Oficial da União**, Brasília, DF, 9 ago. 1943. Disponível em: <http://www.planalto.gov.br/ccivil_03/decreto-lei/del5452.htm>. Acesso em: 3 nov. 2021.

BRASIL. Lei Complementar n. 132, de 7 de outubro de 2009. **Diário Oficial da União**, Poder Legislativo, Brasília, DF, 8 out. 2009. Disponível em: <http://www.planalto.gov.br/ccivil_03/leis/lcp/lcp132.htm>. Acesso em: 10 fev. 2022.

BRASIL. Lei Complementar n. 80, de 12 de janeiro de 1994. **Diário Oficial da União**, Brasília, DF, 13 jan. 1994a. Disponível em: <http://www.planalto.gov.br/ccivil_03/leis/lcp/lcp80.htm>. Acesso em: 10 fev. 2022.

BRASIL. **Lei de 11 de agosto de 1827**. Crêa dous Cursos de sciencias Juridicas e Sociaes, um na cidade de S. Paulo e outro na de Olinda. Rio de Janeiro, 2 mar. 1825. Disponível em: <http://www.planalto.gov.br/ccivil_03/leis/lim/LIM.-11-08-1827.htm>. Acesso em: 10 fev. 2022.

BRASIL. Lei n. 1.060, de 5 de fevereiro de 1950. Estabelece normas para a concessão de assistência judiciária aos necessitados. **Diário Oficial da União**, Brasília, DF, 13 fev. 1950. Disponível em: <http://www.planalto.gov.br/ccivil_03/leis/l1060.htm>. Acesso em: 10 fev. 2022.

BRASIL. Lei n. 10.406, de 10 de janeiro de 2002. Institui o Código Civil. **Diário Oficial da União**, Brasília, DF, 11 jan. 2002. Disponível em: <http://www.planalto.gov.br/ccivil_03/leis/2002/l10406compilada.htm>. Acesso em: 12 nov. 2021.

BRASIL. Lei n. 11.419, de 19 de dezembro de 2006. Dispõe sobre a informatização do processo judicial; altera a Lei n. 5.869, de 11 de janeiro de 1973 – Código de Processo Civil; e dá outras providências. **Diário Oficial da União**, Poder Legislativo, Brasília, DF, 20 dez. 2006. Disponível em: <http://www.planalto.gov.br/ccivil_03/_ato2004-2006/2006/lei/l11419.htm>. Acesso em: 11 fev. 2022.

BRASIL. Lei n. 13.105, de 16 de março de 2015. Código de Processo Civil. **Diário Oficial da União**, Poder Legislativo, Brasília, DF, 17 mar. 2015. Disponível em: <http://www.planalto.gov.br/ccivil_03/_ato2015-2018/2015/lei/l13105.htm>. Acesso em: 10 fev. 2022.

BRASIL. Lei n. 13.467, de 13 de julho de 2017. Altera a Consolidação das Leis do Trabalho (CLT), aprovada pelo Decreto-Lei nº 5.452, de 1º de maio de 1943, e as Leis nº 6.019, de 3 de janeiro de 1974, 8.036, de 11 de maio de 1990, e 8.212, de 24 de julho de 1991, a fim de adequar a legislação às novas relações de trabalho. **Diário Oficial da União**, Poder Legislativo, Brasília, DF, 14 jul. 2017. Disponível em: <http://www.planalto.gov.br/ccivil_03/_ato2015-2018/2017/lei/l13467.htm>. Acesso em: 10 fev. 2022.

BRASIL. Lei n. 4.215, de 27 de abril de 1963. Dispõe sôbre o Estatuto da Ordem dos Advogados do Brasil. **Diário Oficial da União**, Brasília, DF, 11 jun. 1963. Disponível em: <http://www.planalto.gov.br/CCivil_03/leis/1950-1969/L4215.htm>. Acesso em: 10 fev. 2022.

BRASIL. Lei n. 6.019, de 3 de janeiro de 1974. Dispõe sobre o Trabalho Temporário nas Empresas Urbanas, e dá outras Providências. **Diário Oficial da União**, Poder Legislativo, Brasília, DF, 4 jan. 1974. Disponível em: <http://www.planalto.gov.br/ccivil_03/leis/l6019.htm>. Acesso em: 10 fev. 2022.

BRASIL. Lei n. 8.666, de 21 de junho de 1993. Regulamenta o art. 37, inciso XXI, da Constituição Federal, institui normas para licitações e contratos da Administração Pública e dá outras providências. **Diário Oficial da União**, Poder Legislativo, Brasília, DF, 22 jun. 1993. Disponível em: <http://www.planalto.gov.br/ccivil_03/leis/l8666cons.htm>. Acesso em: 10 fev. 2022.

BRASIL. Lei n. 8.906, de 4 de julho de 1994. Dispõe sobre o Estatuto da Advocacia e a Ordem dos Advogados do Brasil (OAB). **Diário Oficial da União**, Poder Legislativo, Brasília, DF, 5 jul. 1994b. Disponível em: <http://www.planalto.gov.br/ccivil_03/leis/l8906.htm>. Acesso em: 7 fev. 2022.

BRASIL. Portaria SEPRT/ME n. 477, de 12 de janeiro de 2021. Dispõe sobre o reajuste dos benefícios pagos pelo Instituto Nacional do Seguro Social-INSS e dos demais valores constantes do Regulamento da Previdência Social-RPS. (Processo nº 10132.112045/2020-36). **Diário Oficial da União**, Brasília, DF, 13 jan. 2021. Disponível em: <https://www.in.gov.br/en/web/dou/-/portaria-seprt/me-n-477-de-12-de-janeiro-de-2021-298858991>. Acesso em: 10 fev. 2022.

BRASIL. **Projeto de Lei n. 6.787, de 23 de dezembro de 2016**. Altera o Decreto-Lei nº 5.452, de 1º de maio de 1943 – Consolidação das Leis do Trabalho, e a Lei nº 6.019, de 3 de janeiro de 1974, para dispor sobre eleições de representantes dos trabalhadores no local de trabalho e sobre trabalho temporário, e dá outras providências. Disponível em: <https://www.camara.leg.br/proposicoesWeb/fichadetramitacao?idProposicao=2122076>. Acesso em: 10 fev. 2022.

CAHALI, Y. S. **Honorários advocatícios**. 3. ed. São Paulo: Revista dos Tribunais, 1997.

CAPPELLETTI, M.; GARTH, B. **Acesso à justiça**. Tradução de Ellen Gracie Northfleet. Porto Alegre: Fabris, 1988.

CORTELLA, M. S. **Não nascemos prontos**: provocações filosóficas. 19. ed. Petrópolis: Vozes, 2015.

COSTA, E. F. da. **Deontologia jurídica**: ética das profissões jurídicas. Rio de Janeiro: Forense, 2002.

DINAMARCO, C. R. **Instituições de direito processual civil**. 2. ed. São Paulo: Malheiros, 2002.

DINIZ, M. H. **Código Civil anotado**. 13. ed. atual. São Paulo: Saraiva, 2008.

FACEBOOK. Disponível em: <https://pt-br.facebook.com/>. Acesso em: 8 fev. 2021.

FILIZOLA, P. MEC E OAB assinam acordo para aprimorar cursos de direito. **Portal do Ministério da Educação**, 22 mar. 2013. Disponível em: <http://portal.mec.gov.br/ultimas-noticias/212-educacao-superior-1690610854/18533-mec-e-oab-assinam-acordo-para-aprimorar-cursos-de-direito>. Acesso em: 7 fev. 2022.

GIESELER, M. Aprovação final do XXXI Exame de Ordem foi de 17,41%. **Blog Exame da Ordem**, 27 jan. 2021. Disponível em: <https://blogexamedeordem.com.br/estatisticas>. Acesso em: 7 fev. 2022.

GLOSBE. **Dicionário latim-português**. Disponível em: <https://pt.glosbe.com/>. Acesso em: 10 fev. 2022.

GOMES, O. **Contratos**: princípios fundamentais do regime contratual. 26. ed. Rio de Janeiro: Forense, 2008.

GONÇALVES, C. R. **Principais inovações no código civil de 2002**: breves comentários. São Paulo: Saraiva, 2002.

HAMMERSCHMITT, I. **Aspectos éticos e legais do contrato de honorários advocatícios**: uma abordagem acadêmica. 2. ed. Florianópolis: Conceito Editorial; Millenium, 2008.

HETMANEK, R. **Origem da corrupção**. Curitiba: Ponto Vital, 2019.

IHERING, R. V. **A luta pelo direito**. 2. ed. São Paulo: Edipro, 2019.

INSTAGRAM. Disponível em: <https://www.instagram.com/>. Acesso em: 8 fev. 2022.

KOTLER, P. **Administração de marketing**. 10. ed. Tradução de Bazán Tecnologia e Lingüística. Revisão técnica de Arão Sapiro. São Paulo: Prentice Hall, 2000.

LINKEDIN. Disponível em: <https://br.linkedin.com/>. Acesso em: 8 fev. 2022.

MICHAELIS. **Dicionário brasileiro da língua portuguesa**. Disponível em: <https://michaelis.uol.com.br/busca?id=neePE>. Acesso em: 8 fev. 2022.

MÜSSNICH, F. **Cartas a um jovem advogado**. Rio de Janeiro: Sextante, 2019.

NEVES, J. R. de C. **Como os advogados salvaram o mundo**: a história da advocacia e sua contribuição para a humanidade. Rio de Janeiro: Nova Fronteira, 2018.

OAB – Ordem dos Advogados do Brasil. **Exame da Ordem em números**. (FGV Projetos). Disponível em: <https://examedeordem.oab.org.br/pdf/exame-de-ordem-em-numeros-I.pdf>. Acesso em: 7 fev. 2022.

OAB – Ordem dos Advogados do Brasil. **Provimento n. 205, de 15 de julho de 2021**. Dispõe sobre a publicidade e a informação da advocacia. Disponível em: <https://www.conjur.com.br/dl/provimento-2052021.pdf>. Acesso em: 8 fev. 2022.

OAB – Ordem dos Advogados do Brasil. Provimento n. 94, de 5 de setembro de 2000. **Diário da Justiça**, 12 set. 2000. Disponível em: <https://www.oab.org.br/leisnormas/legislacao/provimentos/94-2000>. Acesso em: 8 fev. 2022.

OAB – Ordem dos Advogados do Brasil. **Resolução n. 02, de 19 de outubro de 2015**. Aprova o Código de Ética e Disciplina da Ordem dos Advogados do Brasil – OAB. Disponível em: <https://www.oab.org.br/arquivos/resolucao-n-022015-ced-2030601765.pdf>. Acesso em: 8 fev. 2022.

OAB – Ordem dos Advogados do Brasil; FGV – Fundação Getúlio Vargas. **Exame da Ordem em números**. 2020. v. IV. Disponível em: <https://livroexamedeordem.com.br/wp-content/uploads/2020/03/EOU_EmNumeros_.pdf>. Acesso em: 11 fev. 2022.

OAB-PR – Ordem dos Advogados do Brasil do Estado do Paraná. Tabela de honorários. **Diário Eletrônico da OAB**, ano II, n. 503, 23 dez. 2020. Disponível em: <https://honorarios.oabpr.org.br/wp-content/uploads/2021/02/tabela-honorarios-oab-2020.pdf>. Acesso em: 11 fev. 2022.

OLIVEIRA, M. J. Legado artístico e cultural de José Datrino: o Profeta Gentileza. In: CONGRESSO NACIONAL DA FEDERAÇÃO DE ARTE/EDUCADORES DO BRASIL, 25.; CONGRESSO INTERNACIONAL DA FEDERAÇÃO DE ARTE/EDUCADORES, 3., Fortaleza, 5-9 nov. 2015. Disponível em: <http://faeb.com.br/admin/shared/midias/1466122712.pdf>. Acesso em: 11 fev. 2022.

PARANÁ. Decreto n. 3.987, de 13 de abril de 2016. Dispõe sobre o controle e requerimento de pagamento disponibilizado na página da Procuradoria-Geral do Estado na internet. **Diário Oficial do Estado do Paraná**, Curitiba, PR, 14 abr. 2016. Disponível em: <https://www.legislacao.pr.gov.br/legislacao/pesquisarAto.do?action=exibir&codAto=155353&indice=1&totalRegistros=9&dt=1.9.2019.9.27.35.254>. Acesso em: 9 fev. 2022.

PARANÁ. Lei n. 18.664, de 22 de dezembro de 2015. Atualiza o valor das obrigações de pequeno valor, para fins do disposto nos §§ 3º e 4º do art. 100 da Constituição Federal, e adota outras providências. **Diário Oficial do Estado do Paraná**, Curitiba, PR, 23 dez. 2015. Disponível em: <https://www.legisweb.com.br/legislacao/?id=314530>. Acesso em: 9 fev. 2022.

SANTOS, R. Pela primeira vez na história, número de advogadas supera o de advogados. **Conjur**, 27 abr. 2021. Disponível em: <https://www.conjur.com.br/2021-abr-27/numero-advogadas-supera-advogados-vez-brasil>. Acesso em: 10 fev. 2022.

SCHULMANN, L. **Como ser um advogado de sucesso**. São Paulo: Matrix, 2016.

SENADO FEDERAL. **Projeto de Lei da Câmara n. 38, de 13 de julho de 2017**. Altera a Consolidação das Leis do Trabalho (CLT), aprovada pelo Decreto-Lei nº 5.452, de 1º de maio de 1943, e as Leis nºs 6.019, de 3 de janeiro de 1974, 8.036, de 11 de maio de 1990, e 8.212, de 24 de julho de 1991, a fim de adequar a legislação às novas relações de trabalho. 2017. Disponível em: <https://www25.senado.leg.br/web/atividade/materias/-/materia/129049>. Acesso em: 10 fev. 2022.

SÉRVIO, G. Quem inventou a internet? Veja como e de onde surgiu a rede mundial de computadores. **Olhar Digital**, 23 ago. 2021. Disponível em: <https://olhardigital.com.br/2021/08/23/tira-duvidas/quem-inventou-internet/>. Acesso em: 8 fev. 2022.

STF – Supremo Tribunal Federal. **Ação Declaratória de Constitucionalidade n. 45**. Disponível em: <http://portal.stf.jus.br/processos/detalhe.asp?incidente=5030897>. Acesso em: 9 fev. 2022.

STF – Supremo Tribunal Federal. **Ação Direta de Inconstitucionalidade n. 4.636**. 2011. Disponível em: <https://portal.stf.jus.br/processos/detalhe.asp?incidente=4117856>. Acesso em: 10 fev. 2022.

STF – Supremo Tribunal Federal. **Ação Direta de Inconstitucionalidade n. 5.334**. 2015. Disponível em: <http://portal.stf.jus.br/processos/detalhe.asp?incidente=4794666>. Acesso em: 10 fev. 2022.

STF – Supremo Tribunal Federal. **Ação Direta de Inconstitucionalidade n. 6.053**. 22 jun. 2020. Disponível em: <https://redir.stf.jus.br/paginadorpub/paginador.jsp?docTP=TP&docID=753355422>. Acesso em: 9 fev. 2022.

STF – Supremo Tribunal Federal. **Recurso Especial n. 1.240.999**. 4 nov. 2021. Disponível em: <http://portal.stf.jus.br/processos/detalhe.asp?incidente=5796390>. Acesos em: 10 fev. 2022.

STF – Supremo Tribunal Federal. Súmula Vinculante n. 47, de 27 de maio de 2015. **Diário Oficial da União**, Brasília, DF, 2 jun. 2015. Disponível em: <https://jurisprudencia.stf.jus.br/pages/search/seq-sumula806/false>. Acesso em: 8 fev. 2022.

STJ – Superior Tribunal de Justiça. Agravo Interno no Agravo em Recurso Especial n. 0712878-51.2017.8.07.0000. Distrito Federal. **Diário da Justiça Eletrônico**, 13 mar. 2019a. Disponível em: <https://stj.jusbrasil.com.br/jurisprudencia/686492513/agravo-interno-no-agravo-em-recurso-especial-agint-no-aresp-1366890-df-2018-0247033-0>. Acesso em: 8 fev. 2022.

STJ – Superior Tribunal de Justiça. **Agravo Interno no Recurso Especial n. 1.820.961**. São Paulo. Diário da Justiça Eletrônico, 24 abr. 2020. Disponível em: <https://stj.jusbrasil.com.br/jurisprudencia/856380631/agravo-interno-no-recurso-especial-agint-no-resp-1820961-sp-2019-0171429-6/inteiro-teor-856380726?ref=amp>. Acesso em: 11 fev. 2022.

STJ – Superior Tribunal de Justiça. **Agravo Interno no Recurso Especial n. 1.824.882**. Distrito Federal. Diário da Justiça Eletrônico, 19 dez. 2019b. Disponível em: <https://stj.jusbrasil.com.br/jurisprudencia/860014865/agravo-interno-no-recurso-especial-agint-no-resp-1824882-df-2019-0196923-5/inteiro-teor-860014875?ref=juris-tabs>. Acesso em: 8 fev. 2022.

STJ – Superior Tribunal de Justiça. Agravo Interno no Recurso Especial n. 1.606.777. **Diário da Justiça Eletrônico**, 16 maio 2017. Disponível em: <https://stj.jusbrasil.com.br/jurisprudencia/465704754/agravo-interno-no-recurso-especial-agint-no-resp-1606777-go-2014-0141114-4>. Acesso em: 10 fev. 2022.

STJ – Superior Tribunal de Justiça. Agravo Regimental no Recurso Especial n. 893741 SC 2006/0227524-9. **Diário da Justiça Eletrônico**, 15 maio 2009. Disponível em: <https://stj.jusbrasil.com.br/jurisprudencia/4142738/agravo-regimental-no-recurso-especial-agrg-no-resp-893741-sc-2006-0227524-9>. Acesso em: 11 fev. 2022.

STJ – Superior Tribunal de Justiça. Embargos de Declaração no Agravo Regimental em Recurso Especial n. 1.363.971. Paraná. **Diário da Justiça Eletrônico**, 10 dez. 2019c. Disponível em: <https://stj.jusbrasil.com.br/jurisprudencia/860007980/embargos-de-declaracao-no-agravo-regimental-no-agravo-em-recurso-especial-edcl-no-agrg-no-aresp-1363971-pr-2018-0242045-8>. Acesso em: 9 fev. 2022.

STJ – Superior Tribunal de Justiça. Recurso Especial n. 1.339.097. São Paulo. **Diário da Justiça Eletrônico**, 9 fev. 2015. Disponível em: <https://stj.jusbrasil.com.br/jurisprudencia/863703656/recurso-especial-resp-1339097-sp-2012-0170676-9/inteiro-teor-863703660?ref=juris-tabs>. Acesso em: 9 fev. 2022.

STJ – Superior Tribunal de Justiça. Recurso Especial n. 1.520.982. São Paulo. **Diário da Justiça**, 21 mar. 2018. Disponível em: <https://stj.jusbrasil.com.br/jurisprudencia/855170327/agravo-interno-norecurso-especial-agint-no-resp-1520982-sp-2015-0052405-1/inteiro-teor-855170337?ref=amp>. Acesso em: 10 fev. 2022.

STJ – Superior Tribunal de Justiça. Recurso Especial n. 1.638.836. Rio Grande do Sul. **Diário da Justiça Eletrônico**, 1º ago. 2019d. Disponível em: <https://processo.stj.jus.br/processo/revista/documento/mediado/?componente=MON&sequencial=96730295&tipo_documento=documento&num_registro=201603029607&data=20190801&formato=PDF>. Acesso em: 9 fev. 2022.

STJ – Superior Tribunal de Justiça. Recurso Especial n. 1.711.273. Distrito Federal. **Diário da Justiça**, 8 abr. 2019e. Disponível em: <https://stj.jusbrasil.com.br/jurisprudencia/878221023/recurso-especial-resp-1711273-df-2017-0298033-5>. Acesso em: 9 fev. 2022.

STJ – Superior Tribunal de Justiça. Recurso Especial n. 1.803.278. Paraná. **Diário da Justiça Eletrônico**, 5 nov. 2019f. Disponível em: <https://stj.jusbrasil.com.br/jurisprudencia/859922574/recurso-especial-resp-1803278-pr-2019-0071035-1/inteiro-teor-859922584?ref=juris-tabs>. Acesso em: 9 fev. 2022.

STJ – Superior Tribunal de Justiça. Recurso Especial n. 991.780. Rio Grande do Sul. **Diário da Justiça Eletrônico**, 14 fev. 2012. Disponível em: <https://stj.jusbrasil.com.br/jurisprudencia/21235828/recurso-especial-resp-991780-rs-2007-0228981-2-stj?ref=serp>. Acesso em: 10 fev. 2022.

STJ – Superior Tribunal de Justiça. Terceira Seção decide que tabela da OAB não é obrigatória para advogado dativo em processo penal. **STJ**, 6 nov. 2019g. Disponível em: <https://www.stj.jus.br/sites/portalp/Paginas/Comunicacao/Noticias/Terceira-Secao-decide-que-tabela-da-OAB-nao-e-obrigatoria-para-advogado-dativo-em-processo-penal.aspx>. Acesso em: 9 fev. 2022.

STJ – Superior Tribunal de Justiça. **Tese 984, de 23 de outubro de 2019**. 2019h. Disponível em: <https://processo.stj.jus.br/repetitivos/temas_repetitivos/pesquisa.jsp?novaConsulta=true&tipo_pesquisa=T&sg_classe=REsp&num_processo_classe=1656322>. Acesso em: 6 dez. 2021.

THEODORO JR., H. **O contrato e seus princípios**. Rio de Janeiro: Aide, 1993.

TIKTOK. Disponível em: <https://www.tiktok.com/pt-BR/>. Acesso em: 9 fev. 2022.

TJ-DF – Tribunal de Justiça do Distrito Federal e Territórios. Segredo de Justiça n. 0703585-83.2019.8.07.0001. **Diário da Justiça Eletrônico**, 17 nov. 2020. Disponível em: <https://tj-df.jusbrasil.com.br/jurisprudencia/1126755911/7035858320198070001-segredo-de-justica-0703585-8320198070001>. Acesso em: 9 fev. 2022.

TJ-GO – Tribunal de Justiça do Estado de Goiás. Apelação Cível n. 0263220-52.2015.8.09.0093. **Diário da Justiça**, 12 set. 2019a. Disponível em: <https://tj-go.jusbrasil.com.br/jurisprudencia/756691290/apelacao-cpc-2632205220158090093>. Acesso em: 10 fev. 2022.

TJ-GO – Tribunal de Justiça do Estado de Goiás. Apelação Cível n. 0060334.77.2014.8.09.0100. **Diário da Justiça**, 25 jul. 2019b. Disponível em: <https://tj-go.jusbrasil.com.br/jurisprudencia/737223347/apelacao-cpc-603347720148090100>. Acesso em: 10 fev. 2022.

TJ-MG – Tribunal de Justiça do Estado de Minas Gerais. **Agravo de Instrumento n. 10.479.980.021.550.002**. 28 mar. 2016. Disponível em: <https://tj-mg.jusbrasil.com.br/jurisprudencia/864170589/agravo-de-instrumento-cv-ai-10479980021550002-mg>. Acesso em: 8 fev. 2022.

TJ-MG – Tribunal de Justiça do Estado de Minas Gerais. **Apelação Cível n. 10637160050851001**. 14 mar. 2018. Disponível em: <https://tj-mg.jusbrasil.com.br/jurisprudencia/914547275/ap-civel-rem-necessaria-ac-10637160050851001-mg>. Acesso em: 10 fev. 2022.

TJ-MG – Tribunal de Justiça do Estado de Minas Gerais. **Apelação Cível n. 10271130066290001**. 17 dez. 2019a. Disponível em: <https://tj-mg.jusbrasil.com.br/jurisprudencia/793579489/apelacao-civel-ac-10271130066290001-mg>. Acesso em: 10 fev. 2022.

TJ-MG – Tribunal de Justiça do Estado de Minas Gerais. **Embargos de Declaração n. 1.0105.10.027502-0/002**. 16 jul. 2019b. Disponível em: <https://tj-mg.jusbrasil.com.br/jurisprudencia/732641432/embargos-de-declaracao-cv-ed-10105100275020002-mg>. Acesso em: 10 fev. 2022.

TJ-MS – Tribunal de Justiça do Mato Grosso do Sul. **Embargos de Declaração Cível n. 0002040-60.2010.8.12.0012**. 6 jun. 2019. Disponível em: <https://tj-ms.jusbrasil.com.br/jurisprudencia/718364838/embargos-de-declaracao-ed-20406020108120012-ms-0002040-6020108120012>. Acesso em: 10 fev. 2022.

TJ-MT – Tribunal de Justiça do Estado do Mato Grosso. **Agravo de Instrumento n. 1007345-90.2018.8.11.0000**. 22 jan. 2019. Disponível em: <https://tj-mt.jusbrasil.com.br/jurisprudencia/839845753/agravo-de-instrumento-ai-10073459020188110000-mt>. Acesso em: 11 fev. 2022.

TJ-PR – Tribunal de Justiça do Estado do Paraná. **Agravo de Instrumento n. 0043520-28.2019.8.16.0000**. 2 dez. 2019. Disponível em: <https://tj-pr.jusbrasil.com.br/jurisprudencia/832237889/processo-civel-e-do-trabalho-recursos-agravos-agravo-de-instrumento-ai-435202820198160000-pr-0043520-282019816 0000-acordao>. Acesso em: 10 fev. 2022.

TJ-PR – Tribunal de Justiça do Estado do Paraná. Apelação Cível n. 1648359. **Diário da Justiça**, 18 mar. 2005. Disponível em: <https://tj-pr.jusbrasil.com.br/jurisprudencia/5293183/apelacao-civel-ac-1648359-pr-apelacao-civel-0164835-9>. Acesso em: 10 fev. 2022.

TJ-PR – Tribunal de Justiça do Estado do Paraná. **Embargos de Declaração n. 0003159-72.2011.8.16.0024**. 6 jul. 2020a. Disponível em: <https://tj-pr.jusbrasil.com.br/jurisprudencia/918594559/processo-criminal-recursos-embargos-de-declaracao-ed-3159 7220118160024-pr-0003159-7220118160024-acordao>. Acesso em: 10 fev. 2022.

TJ-PR – Tribunal de Justiça do Estado do Paraná. **Embargos de Declaração Cível n. 0003217-12.2019.8.16.0019**. Ponta Grossa. 17 ago. 2020b. Disponível em: <https://tj-pr.jusbrasil.com.br/jurisprudencia/925287701/processo-civel-e-do-trabalho-recursos embargos-embargos-de-declaracao-ed-32171220198160019-pr-0003217-1220198160019-acordao>. Acesso em: 10 fev. 2022.

TJ-PR – Tribunal de Justiça do Estado do Paraná. **Recurso Inominado n. 0000558-62.2015.8.16.0182**. 11 jun. 2015. Disponível em: <https://tj-pr.jusbrasil.com.br/jurisprudencia/926432156/processo-civel-e-do-trabalho-recursos-recurso-inominado-ri-55865201581601 82-pr-0000558-6520158160182-acordao>. Acesso em: 11 fev. 2022.

TJ-RJ – Tribunal de Justiça do Estado do Rio de Janeiro. **Apelação n. 0009874-73.2015.8.19.0003**. 6 nov. 2018. Disponível em: <https://tj-rj.jusbrasil.com.br/jurisprudencia/657810356/apelacao-apl-98747320158190003-rio-de-janeiro-capital-45-vara-civel>. Acesso em: 9 fev. 2022.

TJ-RJ – Tribunal de Justiça do Estado do Rio de Janeiro. **Museu da Justiça do Estado do Rio de Janeiro**. Ago. 2011. Caderno de exposições. Disponível em: <http://ccmj.tjrj.jus.br/documents/5989760/6464634/caderno-expo-2.pdf>. Acesso em: 3 nov. 2021.

TJ-SC – Tribunal de Justiça do Estado de Santa Catarina. **Apelação Cível n. 0001666-32.2019.8.24.0000**. 20 ago. 2019. Disponível em: <https://tj-sc.jusbrasil.com.br/jurisprudencia/747329924/apelacao-civel-ac-16663220198240000-tubarao-0001666-3220198240000>. Acesso em: 9 fev. 2022.

TJ-SP – Tribunal de Justiça do Estado de São Paulo. **Apelação n. 0057055-77.2008.8.26.0114**. 12 mar. 2013. Disponível em: <https://tj-sp.jusbrasil.com.br/jurisprudencia/114050380/apelacao-apl-570557720088260114-sp-0057055-7720088260114>. Acesso em: 9 fev. 2022.

TJ-SP – Tribunal de Justiça do Estado de São Paulo. A**pelação sem Revisão n. 1169091003**. 4 mar. 2009. Disponível em: <https://tj-sp.jusbrasil.com.br/jurisprudencia/2469080/apelacao-sem-revisao-sr-1169091003-sp>. Acesso em: 9 fev. 2022.

TORQUES, R. Estatísticas completas do Exame de Ordem da OAB (ATUALIZADO). **Estratégia Concursos**, 2019. Disponível em: <https://www.estrategiaconcursos.com.br/blog/estatisticas-exame-de-ordem/#>. Acesso em: 7 fev. 2022.

TRF-1 – Tribunal Regional Federal da Primeira Região. **Apelação Cível n. 0003227-31.2014.4.01.3819**. 5 dez. 2018. Disponível em: <https://trf-1.jusbrasil.com.br/jurisprudencia/661613751/apelacao-civel-ac-ac-32273120144013819>. Acesso em: 9 fev. 2022.

TRF-3 – Tribunal Regional Federal da Terceira Região. **Agravo de Instrumento n. 0017482-77.2016.4.03.0000**. São Paulo. 14 ago. 2017. Disponível em: <https://trf-3.jusbrasil.com.br/jurisprudencia/499234087/agravo-de-instrumento-ai-174827720164030000-sp>. Acesso em: 10 fev. 2022.

TRT-2 – Tribunal Regional do Trabalho da Segunda Região. **Processo n. 1001170-28.2018.5.02.0050**. 12 fev. 2020a. Disponível em: <https://trt-2.jusbrasil.com.br/jurisprudencia/809400334/10011702820185020050-sp>. Acesso em: 10 fev. 2022.

TRT-2 – Tribunal Regional do Trabalho da Segunda Região. **Processo n. 1000370-67.2019.5.02.0081**. 2 out. 2020b. Disponível em: <https://trt-2.jusbrasil.com.br/jurisprudencia/1118752213/10003706720195020081-sp>. Acesso em: 10 fev. 2022.

TRT-10 – Tribunal Regional do Trabalho da Décima Região. **Recurso Ordinário n. 0001629-03.2017.5.10.0004**. 3 maio 2019. Disponível em: <https://trt-10.jusbrasil.com.br/jurisprudencia/1138393161/recurso-ordinario-ro-16290320175100004-df>. Acesso em: 10 fev. 2022.

TRT-17 – Tribunal Regional do Trabalho da Décima Sétima Região. **Processo n. 0001381-56.2017.5.17.0161**. 16 jul. 2019. Disponível em: <https://trt-17.jusbrasil.com.br/jurisprudencia/732633563/recurso-ordinario-trabalhista-ro-13815620175170161>. Acesso em: 10 fev. 2022.

UFPE – Universidade Federal de Pernambuco. **Decreto que criou os Cursos Jurídicos de Olinda e São Paulo.** 20 maio 2020. Disponível em: <https://www.ufpe.br/arquivoccj/curiosidades/-/asset_publisher/x1R6vFfGRYss/content/1827-decreto-que-criou-os-cursos-juridicos-de-olinda-e-sao-paulo/590249>. Acesso em: 7 fev. 2022.

UNIVERSIDADE DE BOLONHA. Disponível em: <https://www.unibo.it/it>. Acesso em: 9 fev. 2022.

VALENÇA, J. V. Exame da OAB tem alto índice de reprovação e gera polêmica. **Anota Bahia**, 8 jul. 2021. Disponível em: <https://anotabahia.com/exame-da-oab-tem-alto-indice-de-reprovacao-e-gera-polemica/>. Acesso em: 29 out. 2021.

VEIGA, F.; GASPAR, D. **Manual da justiça gratuita e dos honorários (periciais e advocatícios) na Justiça do Trabalho**: teoria e prática. Salvador: Juspodivm, 2020.

VENTURA, R. TikTok possui 2x mais usuários ativos do que o Spotify. **Popline**, 15 abr. 2021. Disponível em: <https://portalpopline.com.br/tiktok-possui-2x-mais-usuarios-ativos-do-que-o-spotify/>. Acesso em: 8 fev. 2022.

YOUTUBE. Disponível em: <https://www.youtube.com/?re load=9&hl=pt&gl=BR>. Acesso em: 8 fev. 2022.

Sobre o autor

Sidney Carneiro Ferraz é mestre (2018) em Direito, História e Jurisdição pelo Centro Universitário Internacional Uninter, de Curitiba, PR. Pós-graduado em Direito Constitucional pela Faculdade Internacional Signorelli, do Rio de Janeiro, RJ. Bacharel (2012) em Direito pela Faculdade Estácio de Sá. Licenciado (2015) em História pela Universidade Estadual de Ponta Grossa.

Foi professor da rede pública de ensino do Paraná (2009-2013). Participou do desenvolvimento de projetos voltados para a educação do ensino jurídico nas escolas públicas nos Fóruns

Social Mundiais de Dakar (2011) e de Túnis (2013). Foi palestrante no Congresso Internacional de Ensino Superior, em 2014, em Havana, Cuba.

Atualmente, desenvolve atividades de ensino e pesquisa no Centro Universitário Internacional Uninter e ministra palestras sobre direitos humanos em escolas públicas e privadas e instituições de ensino superior. É autor da obra *Direito de trânsito*, publicada em 2021 pela Editora InterSaberes.

Os papéis utilizados neste livro, certificados por instituições ambientais competentes, são recicláveis, provenientes de fontes renováveis e, portanto, um meio **respons**ável e natural de informação e conhecimento.

Impressão: Reproset
Março/2023